原來生命習題還能這麼解?!

26 種青春必備的哲學思考法

BIG IDEAS FOR CURIOUS MINDS

國家圖書館出版品預行編目 (CIP) 資料

原來生命習題還能這麼解 ?!：26 種青春必備的哲
學思考法 / 人生學校(The School of Life) 作；安娜‧
多爾地 (Anna Doherty) 繪；陳信宏譯 . -- 初版 . --
新北市：字畝文化出版：遠足文化發行, 2019.11
面；　公分
譯自：Big ideas for curious minds
ISBN 978-986-5505-04-2(平裝)
1. 哲學 2. 通俗作品
100　　　　　　　　　　　　　　　108017938

XBTH0046

原來生命習題還能這麼解?!——26種青春必備的哲學思考法
Big Ideas for Curious Minds

作者｜人生學校　The School of Life

繪者｜安娜‧多爾地　Anna Doherty

譯者｜陳信宏

字畝文化創意有限公司

社長兼總編輯｜馮季眉

主　　編｜許雅筑

責任編輯｜戴鈺娟

編　　輯｜陳心方、李培如

封面設計｜洪千凡

內頁排版｜張簡至真

出版｜字畝文化創意有限公司

發行｜遠足文化事業股份有限公司（讀書共和國出版集團）

地址｜231新北市新店區民權路108-2號9樓

電話｜(02)2218-1417　傳真｜(02)8667-1065

客服信箱｜service@bookrep.com.tw

網路書店｜www.bookrep.com.tw

團體訂購請洽業務部 (02) 2218-1417 分機1124

法律顧問｜華洋法律事務所 蘇文生律師

印製｜通南彩色印刷有限公司

2019年11月20日 初版一刷

2022年 7 月　　初版八刷

定價｜360元　書號｜XBTH0046

ISBN　978-986-5505-04-2

特別聲明：有關於本書中的言論內容，不代表本公司／出版集團之立場與意見，
　　　　　文責由作者自行承擔。

原來生命習題
還能這麼解?!

BIG IDEAS for CURIOUS MINDS

26 種青春必備的 哲學思考法

作者 —— 人生學校 The School of Life   繪者 —— 安娜・多爾地 Anna Doherty   譯者 —— 陳信宏

本書內容

哲學是什麼？

哲學是個很神秘的學科，大多數人對它一無所知，因為國中小學不教哲學，而且這個學科看起來怪怪的，又沒什麼用處。但這實在很可惜，因為不管你幾歲，都可以從哲學當中學到很多事，甚至，它可能會成為你這輩子最重要的知識。

這本書希望為你敞開哲學的大門，讓你了解哲學是什麼、它如何幫助你了解人生。哲學的英文是「philosophy」，這個字本身就提供了一些線索，讓我們知道這個學科為什麼重要。這個字，源自古希臘文：字首「philo」意思是「愛」，例如「philately」是指「愛好集郵」；字尾則是從「sophia」一詞演變而來，意思是「智慧」。所以，把這兩個字結合起來，「philo-sophy」字面意思就是「愛智」，而哲學，指的就是「對追求智慧的愛」。

哲學能幫助我們活出有智慧的人生，可是，「智慧」又是什麼意思？智慧就是聰明嗎？其實不是，智慧代表明理、善良、冷靜，並且能夠接受人生的各種樣貌──因為人生有時不完美，有時甚至很苦。

　　要更了解智慧可能包含哪些面向，我們可以想想相反的情形，也就是缺乏智慧會有怎樣的表現？例如，如果你找不到鑰匙，缺乏智慧的人可能會對別人大吼大叫：「誰拿了我的車鑰匙？」（雖然可能根本沒有人拿）或者，他也可能驚慌失措，趴在沙發上哭喊說自己是個笨蛋，把自己的人生全毀了。

　　有智慧的人會怎麼做呢？他不會大聲嚷嚷，也不會驚慌失措，而會開始思考：「嗯，忘記鑰匙這種事有時就是會發生。我一定是把鑰匙放到某個地方了……會是在我昨天穿的那件外套裡嗎？」他會平靜的問別人，有沒有看到他的鑰匙，也許還會自嘲自己怎麼那麼健忘。

　　你還可以從很多狀況中，看見有智慧和沒有智慧的處事方式有什麼差別。每個人一生中都會遇到大大小小的問題──當然，你的人生也是如此。我們不可能完全消除所有問題（儘管再努力），但我們能改善自己面對問題的方式。

　　我們可以試著不要那麼常生氣，試著不大吼大叫，也試著不要去驚嚇或傷害我們心愛的人。哲學可以幫助我們，以智慧面對人生中那些我們無法逃避的問題。

若遇上這些事，你會有什麼反應？

你和別人玩四連棋，
結果輸了

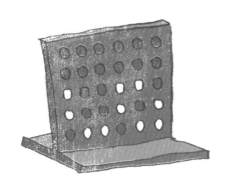

指控對方作弊（就算你知道其實沒有）。
跟大家說你很討厭這個遊戲。
覺得簡直就像天塌下來，
因此難過好久。

還是

明白這只是一場遊戲，
輸贏和你是什麼樣的人完全無關。
提醒自己你總會有贏的時候，
而且人生還有比贏得這場遊戲更重要的事。

一個朋友以
不太好的態度對你

以牙還牙，用同樣的態度對待對方。
覺得自責，
認為會受到這樣的對待是自己活該。

還是

猜想對方可能是因為其他事情才不開心。
平靜的告訴對方，
他的態度讓你覺得很難過，
並關心對方發生了什麼事。

被困在一趟
極為漫長的車程上

一直問什麼時候才會到。
跟大家說你覺得無聊透了。
每隔幾分鐘就抱怨這趟旅程太長了。

還是

跟自己說，不管怎樣，
這趟車程就是要花很長時間。
看看車窗外的景物，
編個遊戲或者故事來自娛娛人。
在腦海裡想像一棟完美的房子，
或者一艘完美的潛水艇，藉此打發時間。

大喊說餐點看起來很噁心，
把餐點丟在地上，
拒吃。

你不喜歡你的晚餐

還是

溫和有禮的說你其實比較想吃別的什麼，
主動提議下次可以幫忙準備別種菜色。
理解做晚餐的人不是故意要讓你失望，
而且抱怨可能會傷了對方的心。

你不小心弄壞了
　　自己正在畫的圖

把畫撕成碎片，丟在地上踩，
發誓你這輩子再也不畫圖了。

還是

重畫一張，
而且畫得比前一張更好。
把弄壞的地方變成這幅畫的特色。
（你可以把汙痕變成陰影，
或把墨漬畫成一隻蜘蛛）
有時，所謂的「錯誤」，
可能會為我們帶來更多的趣味。

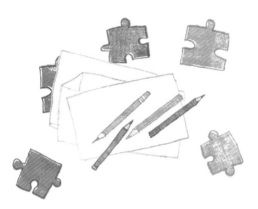

上床時間到了，
　　可是你還不想睡

尖叫埋怨這個世界太不公平，
猛力甩上臥房的門。

還是

提醒自己人生還很長——
長大以後，想熬夜到多晚都沒問題。
（有時就算不想熬夜也不行）
把心思集中在想像
明天可能發生的種種趣事，
然後早點起床，展開一個愉快的早晨。

哲學存在世界各地已經有很長一段時間，因為人們總是需要有人幫助他們減少大聲嚷嚷或驚慌失措的行為，也需要有人幫助他們了解如何面對人生。多年來，哲學家提出了許多有用的思想，幫助人們解決這些問題。接下來，這本書要為你介紹的，就是二十五位哲學家的人生智慧，以及一個專屬於你的哲學思考。

你了解自己嗎？

蘇格拉底怎麼說？

這麼説有點怪，不過你可能不太了解自己。當然，你知道許多關於自己的事情（今年幾歲、眼珠是什麼顏色、午餐喜歡吃什麼），可是有些事情你卻很難知道，例如你可能從沒看過自己的耳朵背面，對於自己的耳咽管也沒什麼了解（它是從你的耳朵內部通到鼻子後方的管子）。不知道這類事情其實也還好，但有一些重要的事，你可能也不清楚：那就是你的感受——其實，不只是你，幾乎每個人都不太了解自己的感受。

這是因為我們大腦的運作方式有個奇怪的特色：大腦對於自身的感受非常敏銳，可以清楚知道自己正在生氣、擔心或者興奮。不過，大腦卻常弄不清楚自己為什麼會有那樣的感受。大腦不會自動記住造成你生氣、擔心或興奮的事情。

15

想像（或回想）一個情景：十歲的你，和媽媽約好放學後一起做餅乾，你期待了一整天，結果她卻打電話來說臨時有事，沒時間陪你做餅乾。你很失望——這下你不知道該怎麼辦，不管做什麼都覺得無趣。等到媽媽下班回家了，你不曉得為什麼，只覺得她今天很討人厭。她請你整理桌面準備吃晚餐，但你卻大喊：「不要！」她回應說：「不要用那種口氣對我說話！」結果你連自己都還沒有意識到，就跺著腳步衝出廚房，大吼：「你好霸道！我討厭你！」

　　你內心有一股強烈的感受：「我很生氣！」可是你的大腦卻搞不清楚你為什麼會有這種感受，你的大腦忘了你**為什麼**生氣。你不是真的討厭你媽媽，你會生氣，只是因為你很想和她一起度過一段開心的時光，結果期望卻落空了；你不是真的因為她霸道而生氣，是因為你心愛的人沒有時間陪你。覺得「我媽好霸道」和覺得「真希望我媽媽有時間陪我做餅乾」，是兩種非常不一樣的感受，但是你的大腦卻分不清這兩者。

　　再來，假設年幼時的你想要和姊姊一起玩，但她說她現在很累，沒有心情。之後，你回到自己的房間，拿了一本書出來看，可是覺得沒有很好看；你在屋子裡四處閒晃，想要找些事情做。接著，你看到弟弟在地板上堆積木，突然，一股火冒了上來，你把積木踢倒，害他哭了起來。你的大腦知道你覺得憤怒，卻不記得原因。你的大腦忘了是姊姊惹你不開心，還以為你氣的是弟弟和他的積木。類似這樣的時刻，就是你不夠了解自己。不了解自己，會造成很多問題：你愈是怪

你媽媽霸道，她就愈不可能陪你做
餅乾（但這才是你真正想要的）；
而對你的弟弟生氣，也不會幫助
你實現和姊姊一起踢足球的願望。

　　但是，現在你可以設法更加了解自己。要做到這一點，最好的方
法，就是針對你的感受，向你自己提出問題。你可以問自己：先前發
生了什麼事讓我不開心？我生氣的感覺是從哪裡來的？──也許不是
來自於剛剛的這三秒鐘，而是來自於今天稍早之前，或甚至是昨天？

　　你可以將你當時的感受，想像成一條很長很長的蛇，它掛在一棵
樹的樹枝上，你站在地上，只能看見蛇的頭和牠吐出的蛇信：那就是
生氣的感受。但是你看不見蛇的尾巴，而那才是你生氣的源起。蛇的
尾巴捲著哪一根樹枝？是霸道樹枝還是餅乾樹枝？是弟弟樹枝還是足
球樹枝？你必須找出這一點。你要想辦法把蛇頭和尾巴連結起來。所
以，如果你覺得生氣，可以這麼問自己：這個感受的尾巴在哪裡？掛
在哪一根樹枝上？

　　哲學所探討的，有很大一部分就是在問你自己，內心的感受是怎
麼來的？我為什麼生氣？真正困擾著我的事情是什麼？是誰惹惱了
我？不論你現在幾歲，都可以這麼做，都可以這樣和自己對話。當你
愈是了解自己的感受，就愈能理解自己的情緒是從哪兒來。

蘇格拉底怎麼説？

我們剛剛所檢視的這項重要觀點——我們對自己不是很了解——是由一個名叫蘇格拉底（Socrates）的人所提出來的。兩千多年前，蘇格拉底居住在希臘的雅典城，他身穿長袍（和那時代的其他人一樣），而且留了一把長長的鬍鬚（他的鬍鬚大概很臭，因為他總是忙著思考而經常忘了洗澡。）

他喜歡在城裡到處走來走去，和朋友見面，問他們有什麼感到興奮、擔憂或者困惑不解的事情。他認為，一般人經常不知道自己的思緒和感受從何而來。為了幫助人們更了解自己，蘇格拉底發明了哲學。蘇格拉底非常熱衷於問「為什麼」，他總是一再問人家難以回答的「為什麼」：你為什麼和這個人交朋友？你為什麼不喜歡某某人？他不是故意要為難人家，也不是要讓人家尷尬，而是真心想與人們進行有趣的討論，他想要成為大家的「思考朋友」。

你也可以像蘇格拉底一樣，成為自己的思考朋友。你唯一需要做的，就是針對自己的感受，向自己提出問題——我為什麼對某個人生氣？或者，我為什麼要踢倒弟弟的積木？這麼做，就等於你做了件很特別的事情，因為你從此加入了哲學討論的行列。早從蘇格拉底在雅典開始找朋友「抬槓」以來，這種討論就一路持續到今天。

2

學著說出你的想法

維根斯坦怎麼說？

幸虧有蘇格拉底這位來自古希臘的思考朋友，我們已經學到了怎樣才能更了解自己。不過，我們卻又經常遇到另一種情形：你可能很了解自己，但真正希望的是別人能夠更了解你。

然而，有一件很奇特的事要注意，那就是：其實只有你才知道自己的想法和感覺，別人不會自動理解你腦子裡的想法——除非你努力說明，否則他們永遠不會了解。有時候，我們難免會希望別人能夠猜出我們內心的想法或感覺，甚至想像他們真的做得到這一點，但實際上這是不可能的。

你的大腦就像一個盒子，裡面裝著你所有的想法和感覺，你看得到盒子裡面的東西，也直接感受得到，但除了你以外，沒有第二個人能做到這一點。你可以清楚看見自己的想法和感覺，別人卻完全看不

見。於是這會造成一個大問題：別人可能不了解你，但你卻以為他們了解，或者至少應該要了解。

別人對你腦子裡的狀況不了解，不是因為他們不在乎或者愚笨（有時候你難免會這麼覺得），他們只是需要有人說明給他們聽，而你就是必須負責說明的那個人。說明起來可能會非常困難而且很累人，但這是必要的。

當你還是嬰兒的時候，大人很容易猜出你的「大腦盒子」裡面的內容。那個時候，你只有少數幾件簡單的事情需要別人幫忙：你可能餓了、睏了，或者想要玩遊戲。那時候的你，不需要對人說明，就有體貼的人幫你猜測你的想法，而且他們大都猜得沒錯。

身為嬰兒，又有人幫忙猜測你的想法或者感覺，這樣雖然很不錯，但是隨著你逐漸長大，這樣的情形卻會造成問題：一旦你習慣有體貼的人能夠猜出你腦子裡的想法，就會以為這個世界永遠都會是這

樣──只要別人夠和善體貼，就應該要猜得出你腦子裡的內容。問題是，當你長大了，你腦裡的想法和感受也會變得比以前複雜得多：你不只是會覺得累、覺得餓，或者想要上廁所。現在，你對各種不同的事物都有自己的想法。這麼一來，別人就時常會猜不出你真正的想法和感受。

假設你必須參加一場派對，可是你很不想去，因為你知道有個討厭的人也會出席，而且你聽他說過你朋友的壞話。你的朋友一直催促你動作快一點，不然就要遲到了，但是你不想準備，因為你根本就不想去。她問你是不是身體不舒服？你差點兒說謊回答說「是」，你的朋友盡量保持耐心，但你看得出她想要趕快出發。接著她又問你是不是不喜歡你的鞋子？還是你穿了自己不喜歡的衣服？於是你覺得她真是笨死了，居然完全猜錯！

這樣的情形之所以會發生，是因為我們很容易忘記使用言語來說明自己的心思，不然就是因為害怕或害羞而不敢說。你希望大人猜出你的想法，就像你小時候那樣；你覺得生氣、懊惱又挫折，因為他們居然不知道你的心思；他們如果猜不到，你就覺得他們是笨蛋或者根本不關心你。你卻忘了，這不是他們的錯──他們只是看不到你大腦盒子裡的內容而已。

有時候，你不想把自己的心思告訴別人，可能是因為你覺得說出來有點怪。你可能因為不喜歡被別人看到你的身體而不想去游泳（雖然你以前很愛游泳），或者你可能因為不喜歡奶奶而不想去探望祖父母（雖然你認為每個人都應該要喜歡自己的家人）。你可能覺得，把這些感受說出來，會讓人覺得你很奇怪，但你要是真的試著說出來，別人說不定能夠了解。畢竟，每個人的人生中，都有過許多複雜的經驗。

　　你如果不向別人說明自己的感受，就會覺得自己好像無處可逃，覺得沒有人了解你，覺得自己孤立無援；有時候，你只想坐在自己的房間裡大哭一場。可是，只要你試著向別人說出你的心思，就會覺得好多了。別人不一定能夠達到你的要求，也不一定能夠完全解決你的問題，但他們會開始了解你的想法，於是你就不會再覺得那麼孤獨。知道別人懂得你的想法，是一種很好的感覺，有時候，和別人分享你的問題，可能會讓你有意想不到的收穫。

維根斯坦怎麼説？

　　有個名叫維根斯坦（Luwdwig Wittgenstein）的哲學家，他很熱衷於怎樣才能讓別人了解我們想法的這個問題。他活在二十世紀上半葉（1889-1951）。他是德國人，但是人生大半時間居住和工作地點都在其他地方——主要是英國。他最愛吃的東西是麵包和乳酪，而且他很喜歡看電影還有放風箏。他非常富有，但也做過許多工作：他當過醫院的清潔工，當過學校老師，當過一陣子的園丁，也在大學教過學生，甚至還在維也納為他的姊姊設計過一棟漂亮的房子。此外，他也一直都想要打造一架飛機，雖然這個願望沒有實現。

　　維根斯坦喜歡獨處，他在挪威鄉下有一間小屋子，可以讓他獨處和思考。他對於人藉著語言所能做到的事情深感興趣，他說，我們有時候會利用語言畫出圖像，讓別人能夠看出我們內心的想法。想像一下，如果你說：「我今天看到了一隻長得很怪的狗。」別人沒辦法光憑這句話就知道那隻狗長什麼樣，所以你可以再多描述一些細節：那隻狗有兩個很長的耳朵垂在頭部兩側，尾巴非常短，而且只有三條腿。像這樣的描述詞語，就能夠幫助別人在腦中畫出和你的腦子裡一樣的圖像。

　　維根斯坦說：「人與人之間如果無法相互了解，就是因為他們腦子裡的圖像不夠相似。」如果別人對於你覺得很清楚的事情不了解，你與其覺得灰心，不如設法描述得更詳細一點，或許會很有用。

3

這是你真正想要的嗎？

西蒙・波娃怎麼說？

人生可能會發生各種美好的事情，因此我們會期待，或是計畫要去做會讓自己開心的事情。不過，就算你原先以為那件會讓你開心的事真的發生了，你卻可能發現自己沒有預期的那麼開心。

你小時候可能非常想要一個飛盤（你看到別人玩飛盤，覺得看起來很好玩），但當你真的獲得一個飛盤之後，卻只玩了幾分鐘，就發現其實飛盤根本沒那麼好玩。或者，你想要把房間牆壁漆成你最喜歡的顏色（例如鮮黃色或者青綠色），這個點子起初感覺很棒，可是當房間真的被漆成那個顏色之後，你卻發現它看起來很醜，忍不住開始懊悔。

如果你遇到這類情形（發現一件事物帶給你的感受不如預期），並不表示世界上沒有任何事物能夠真正讓你滿意。會有這種情形發生，表示你和其他人一樣，很難事先知道，什麼東西能真正為你帶來滿足。

可是，為什麼會發生這種情形？你又該怎麼做，讓事情可以符合你的預期？這裡重要的是，你必須針對自己以為想要的東西，開始提出許許多多的問題。你不能只是傻傻的等待，希望能夠得到它；而是必須停下來想想，那是不是你真正想要的？哲學的重點，始終都在於問「為什麼」，而且不得到答案絕不罷止──如果不能得到確切無疑的答案，那麼至少也要盡力找到你覺得最好的答案。

有些狀況會讓人很難知道自己真正想要什麼，例如：每個人都會變。即使只過了一年，你也可能已經變了很多，所以當初你滿心期待的東西，現在可能已經變得無法引起你的興趣了。問題是，你的大腦不一定跟得上你的改變，它可能沒有充分注意到你已經有所成長了，還以為你到現在仍然想要那些東西。不過，現在的你要是得到了，只會覺得無聊，或至少不會像當初那麼開心。

還有一個原因，也會令人很難知道自己想要什麼，那就是：有些事物起初聽起來可能很棒，但等你真的做了那件事，或者擁有那個東西之後，卻發現其實沒有想像中那麼好。例如，睡在冰屋裡聽起來可能很酷，但實際上你也許只會覺得又溼又冷，還有點害怕。

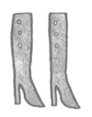

不過,我們之所以會做出這種錯誤的期待,最大的原因是因為我們很容易受別人影響。例如,你的朋友可能全都說水上樂園很好玩,可是你其實並不喜歡。這不代表你是個怪人,也不表示你應該強迫自己喜歡水上樂園,還得假裝你想去水上樂園玩,因為現實是:你不會完全和你的朋友一樣,他們也不會完全和你一樣。所以,讓他們開心的事情,不一定也能讓你樂在其中。

乍聽之下,這麼說雖然有點奇怪,但是如何決定生日禮物或聖誕禮物,其實也是哲學問題。你應該花點時間好好思考:我真正想要的是什麼?這是一個很重要的問題,而回答重要問題本來就需要時間。每個人都會覺得,要知道自己真正想要什麼很難,這是我們一輩子也擺脫不了的課題。

廣告總是慫恿著我們,讓我們覺得自己缺乏很多東西,而且會一再對我們說,只要買了那些東西我們就會快樂。例如,

廣告的照片裡可能會有一個人戴著一只很貴的新錶，露出非常開心的表情，我們的大腦就會開始這麼想：「我只要買了那只錶，就會和廣告裡的那個人一樣開心。」那只錶也許真的很棒，但問題是，快樂其實和擁有那只很棒的錶無關，而是來自於和朋友相處融洽、對於自己的課業或者工作樂在其中，以及擁有充分的休息、足夠的運動。有沒有那只手錶，其實差別不大。

我們真心想要某些東西，是因為我們想要覺得開心，可是物質沒辦法帶給我們快樂。能夠帶來快樂的，是我們本身的經歷和人際關係。我們可能會以為一只錶或者一雙新鞋子，是讓我們快樂的答案所在，但實際上並非如此。同樣的，汽車、皮包、私人噴射機、新手機或是到高級餐廳用餐，也都是如此。想來很奇怪吧？世界上竟然有那麼多的人都在錯誤的地方追求快樂。

西蒙・波娃怎麼説？

　　曾經有個哲學家，她非常好奇我們為什麼很難知道自己真正想要什麼。她是一位名叫西蒙・波娃（Simone de Beauvoir）的法國人。她在西元 1908 年出生於巴黎，當時最早的汽車才剛開始生產，她去世的 1986 年時，幾乎每個人都擁有汽車了。

　　她喜歡派對，喜歡穿漂亮衣服，也熱愛旅遊。她一生寫了許多書，而且和後面我們會遇到的另一位哲學家是很要好的朋友——他的名字叫沙特（見 104 頁）。他們幾乎每天都一起吃午餐，也會談論他們正在寫的書。波娃有很多朋友，也經常把他們寫入她的書裡（雖然這樣有時候會惹惱他們）。她探討了我們有多麼容易忘記自己真正想要的東西，而經常跟隨別人去追求那些別人想要的東西。她意識到，我們太在乎別人的想法，以至於忘了好好問自己到底真正喜歡什麼。她認為，找出你真正想要的東西，是你這輩子最重要的工作。

　　波娃熱愛購物，但她不只是對昂貴或新奇的物品感興趣。實際上，她特別喜歡去所有東西都只賣十塊錢的「十元商店」。波娃認為我們真正想要的是享受人生，但我們卻誤以為我們所買的東西，就是我們能否享受人生的關鍵所在，遺忘了其實更重要的是，我們是否有足夠時間和自由去做我們喜歡的事。

　　你在思考自己想要什麼的時候，要記住這一點：問問你自己，是真的想要那個東西，或者只是以為自己想要而已？別忘了，就算你沒有得到你覺得很想要的東西，它可能也不是那個真正能為你帶來快樂的關鍵。

十元商店

所有商品一律十元！

10

10

10

10

所有商品一律十元

如果別人生氣，
那不一定是你的錯

伊李‧西納 怎麼說？

如果有人當著你的面發脾氣，特別是你的父母，你可能會覺得很可怕。有時候，他們會用力甩門、大吼，或者粗聲粗氣的回應別人的問話。如果有人表現出這種行為，你可能會覺得他們生氣的對象是你，於是感到難過而且委屈。不過，他們真正生氣的對象，其實可能根本不是你，雖然表面上看起來好像在是針對你沒錯。

有一則發生在古埃及的故事，叫做「安德魯克里斯和獅子」（Androcles and the Lion）。故事裡，一頭獅子夜裡出沒於一座村莊附近，並且發出可怕的吼聲，嚇得所有人心神不寧。他們認為獅子是在生他們的氣。後來有一天，一個名叫安德魯克里斯的人在鄉間行走，突然天空下起雨來，他躲進一座洞穴裡避雨——正好就是那頭獅子棲身的地方。安德魯克里斯以為那頭獅子會把他吃掉，就在這時，他忽

然看見獅子的腳掌插著一根棘刺。原來那頭獅子並不是討厭村裡的人，牠不停吼叫，是因為腳掌被刺得很痛，但那些村民卻不曉得這一點。

這個故事告訴了我們一件事：憤怒的人就像那頭憤怒的獅子，通常是被某件你看不見的事情所困擾。

這是一種非常奇特的觀點：我們總以為對別人很了解，但其實我們對彼此的生活只知道那麼一點點而已，有很多東西是我們看不見的。你的父母其實不知道你一整天是怎麼過的，你也可能有很多事情從來沒有告訴他們。另一方面，也許你在某些方面很了解你的父母，但可能有一些發生在他們身上的事，是你毫不知情的。

故事裡的安德魯克里斯很特別，他看見了獅子腳掌裡的棘刺。不過，絕大部分的情況下，你必須想像那些棘刺——也就是你看不見或者不知道的事情。你的父母可能在工作上開了一場很不愉快的會議，或者忙了一整天累壞了，那場會議或者一整天的忙碌，就像獅子腳掌裡的棘刺一樣。但因為你不知道他們心情不好的原因，所以才會以為他們氣的是你。不過，那說不定和你一點關係都沒有。

我們面對所有人，都必須隨時想著那些我們看不見的棘刺。不要因為別人心情惡劣或者對你說話口氣不好就難過，你應該想像一下問題可能出在哪裡，然後設法解決它。

伊本·西納怎麼說？

在別人另有心事的情況下，誤以為他們是在生我們的氣——我們到底有多麼容易誤解別人？這是許多哲學家都很感興趣的問題。其中最重要的一位名叫伊本·西納（Ibn Sina），有時又稱為阿維森納（Avicenna）。

伊本·西納出生在距今約一千年前的伊朗（當時叫做波斯）。他是科學家，也是非常成功的醫生，許多國君和統治者都想找他擔任顧問。西納是虔誠的穆斯林，但是對各式各樣的學問與宗教都深感好奇，也花了許多時間研究本書提到的兩位希臘哲學家：蘇格拉底和亞里斯多德。伊本·西納非常認真，他經常為了看書、寫作以及鑽研學問而徹夜未眠。

伊本·西納認為，每個人都有兩個部分：一個是其他人都看得見的外在，另一個是只有自己知道的內在（他稱之為「靈魂」）。我們從別人的外在部分去認識他們，但我們所看見的面向通常不夠多，所以沒辦法完整了解他們是什麼樣的人。說來難以置信，一個那麼久遠以前的人，竟然能夠想出這麼值得參考又這麼有用的觀點，讓你知道自己為什麼不夠了解別人，以及為什麼你會誤以為別人生氣是因為你。你也許看不見那根棘刺，但可以從現在開始學著想像。

5

有些人不是壞，
他們只是不快樂

扎拉‧雅各布怎麼說？

小時候，總有些小孩會欺負自己的兄弟姊妹或者學校同學，辱罵別人、故意找碴或者掃別人的興。他們可能會假裝和你作朋友，然後在背後說你的壞話，想要讓別人覺得你是微不足道的笨蛋。遭到這樣的欺凌會讓人非常難過又害怕，可是，為什麼會有人這麼壞？為什麼他們要讓別人的日子難過？

答案非常出人意料：因為那些人內心覺得自己渺小又可憐。你從他們的外表看不出來──他們可能看起來人高馬大、充滿自信，而且一副驕傲的樣子。也許你會覺得他們經常開心大笑，而且可能很多時候是在笑你。

不過，你要是認真想想就會發現，真正快樂的人，絕對不會想著要讓別人不開心。真正強壯又有自信的人，對待別人的態度總是溫柔和善的。喜歡欺負別人的惡霸會那麼壞，其實都是因為他們曾經遇過讓他們害怕的人或者事物。你可能永遠不會知道其中的細節，但可以想像，説不定那個人有個常找他麻煩的哥哥，説不定他媽媽總是對他呼來喝去，説不定他爸媽常常吵架。那個表面上看起來大膽無懼的人，其實內心充滿哀傷與擔憂，因為他知道自己很脆弱，所以就想要讓別人也痛苦，好讓自己覺得好過一點。

　　受過傷的人，會傾向於去傷害別人。明白這一點，雖然在你被欺負時，不會馬上解決問題，卻還是會對你有一點幫助。記住：遭到惡劣的對待，不是你的錯，不是因為你做了什麼事，也不是因為你有任何問題。要了解惡霸或者那些對你很壞的人，最好的方法就是設身處地，想像他們的感覺。想想看，你自己是不是也曾經以惡劣的態度對待過別人？大多數人在某些時候都曾經或至少想過要欺負別人，儘管對方並沒有做錯什麼事、也沒説什麼不對的話。接下來，你再想想：當初你為什麼會對那個人那麼壞？原因大概也是因為當時有什麼你不知道該怎麼解決的問題困擾著你吧？

　　舉例來說，家中如果增添了新寶寶，哥哥姊姊可能就會出現這種狀況。大人覺得嬰兒很可愛，大家都把注意力放在寶寶身上，一直説他們有多麼討人喜歡，而父母也把所有時間都投

注在照顧寶寶。那麼，突然成為哥哥姊姊的人，會心情不好也就不奇怪了。他可能覺得大家應該多關注他一點，也可能想要讓別人知道他也很重要——雖然大家好像都比較喜愛那個沒什麼了不起的小寶寶。於是，他就會找個比較弱小的人來欺負，這樣能讓他覺得自己很厲害，而且當他知道有另外一個人不好過，也能讓他稍稍獲得安慰。當然，這樣的行為一點都不好，但是，是可以理解的。有時候，我們如果深感傷心氣憤，可能會覺得這是自己唯一能做的事情。了解自己為什麼有時候會欺負別人，能幫助你明白別人為什麼會欺負你。

　　了解原因，不會讓一切問題突然不見。如果有人欺負你或者傷害你，這個問題不會因為你明白對方內心很不快樂就自動消失。哲學沒辦法一口氣解決所有的問題，可是，只要你開始了解，就會覺得那些事情其實沒有那麼可怕。這就是一個好的開始。

對你不好的人和他的不快樂

列出所有你覺得對你不好的人，
然後寫下你認為他們可能不快樂的原因。
他們的行為和內心的不快樂，可能會有什麼關聯？

對你不好的人	他可能不快樂的原因

扎拉·雅各布怎麼說？

　　有一位哲學家深深思考了人為什麼會互相欺負，他的名字叫做扎拉·雅各布（Zera Yacob）。他出生於西元 1599 年的非洲衣索比亞，成長在一座小小的農場，一個很窮的家庭。

　　那時候的衣索比亞，因為宗教信仰而分裂，不同的宗教團體之間嚴重對立，但是扎拉·雅各布不想選邊站。有些人毀謗他，向國王說了他的壞話，害得他只好躲藏起來，在一個洞穴裡獨自過了兩年。這樣的遭遇雖然聽起來很慘，但他其實很喜歡獨處，還說自己在洞穴裡思考而學到的東西，比在學校學到的還要多。後來他的國家終於換了一個新的國王，於是扎拉·雅各布得以離開洞穴，搬到城鎮去居住。他也找到家教的工作——教導一名富商的子女。他是很出色的老師，那家人也對他很好。後來，他結婚了，有了自己的家庭。

　　扎拉·雅各布認為人生不容易，而且所有人都是如此。每個人都不免吃苦，這個想法令人難過，也促使我們以和善並且富有同理心的態度對待他人。不過，有些人卻搞錯方向，變得壞心又殘忍，他們以為傷害別人，就可以消除自己的痛苦。扎拉·雅各布認為，我們如果能夠承認自己的傷痛，就比較不會對別人充滿憤怒，這樣，世界上的痛苦也可以因此減少。

6

凡事往壞一點想

塞內卡怎麼說？

想像你非常期待一件事情，也許你生日快到了，或者你即將要去度假，你開始想像自己到時候會是多麼快樂，一切都多麼美好。你會收到所有你想要的禮物，或是每天都可以去海邊游泳，所有人都很開心，一切也都很順利。可是，到了你生日當天，或是當你真的開始度假之後，卻發現有些事情不如預期：你收到了一些不錯的禮物，可是也有些是你根本不想要的。在假期中，雖然你能夠去游泳，卻不是每天都能去，有一天你必須陪別人去參觀美術館，還有一天則是下了一整天的雨。你覺得很失望，你以為一切都會非常美妙，可是現在根本不是那麼一回事。奇怪的是，你的生日和假期其實一點都不糟糕，甚至還算是滿不錯的，只是沒有你原本想像的那麼好而已。

有時也會有相反的狀況。你可能預期一件事情會很可怕，也許你的老師換人了，而且你聽說新老師很兇，聽說他整天罵人。可是新老師來了以後，卻比你想像的親切得多：他雖然偶爾會罵人，但還滿會

搞笑的；雖然很嚴格，但教了你很多。你本來以為新老師會很可怕，所以發現實際上沒那麼糟糕時，也就讓你頗感驚喜。不管怎麼樣，一件事情到底會讓你滿腹牢騷還是心滿意足，有一大部分是取決於你事先的期望：如果你預期事情會很完美，那麼最後若是以失望收場，也就不令人意外；如果你預期事情會很糟糕，那麼結果通常會令你感到特別驚喜。

有個很好用的技巧，可以確保你比較常得到驚喜而不是失望的結果：只要你凡事盡量往壞一點想，事情的發展就通常會比你預期的好，這樣的結果會讓你格外滿意，而且重點是你根本不必做其他任何事情。就算事情的發展有點令人失望，也別忘了：事情還有可能會更糟。

別擔心，想像事情可能會有不好的發展，並不會真正造成不好的事情發生；你要是想像自己的生日禮物收到一塊煤炭，不表示真的有人會送你這種東西；你要是想像自己在早上錯過公車，也不表示你就真的會錯過公車；你怎麼想像未來的事情，不會真的就造成那樣的結果。不過，這樣的想像卻有另一種效果：事情如果真的出了差錯（有時候的確會如此），那麼這樣的想像就能夠幫助你事先做好心理準備，避免你對那個結果太難過。

你怎麼想像未來，有可能造成自己截然不同的反應：一種是在事情發展不如預期的情況下火冒三丈，另一種則是因為事情發展比預期還好而感到驚喜。凡事往壞一點想，不抱太高的期望，是思考人生的一大技巧。

塞內卡怎麼説？

　　在很久以前的古羅馬，有一位哲學家花了許多時間思考人為什麼會生氣，他的名字叫塞內卡（Seneca）。塞內卡是商人也是政治人物，但他也是一位重要的哲學家（有時我們會忘了，人可以在身為哲學家的同時兼有其他身分）。

　　塞內卡一度被指派去負責全世界最困難的工作──他被任命為家教，必須教導一個脾氣惡劣的年輕人，名叫尼祿，也就是後來的羅馬皇帝。尼祿如果講了笑話而有人沒笑，他就可能會刺死對方或者把那個人丟進牢裡。塞內卡意識到，尼祿皇帝的問題在於期望太高，他總預期一切事物完美無瑕，所以經常因為事實不如預期而發脾氣。

塞內卡說，生氣與懊惱，是樂觀造成的結果，樂觀使你認為事情總是非常順利，並且會完全依照你想要的情形發展。不過，塞內卡認為，人如果想要保持平靜，並讓自己快樂一點，就不應該樂觀，而是應該悲觀。也就是說，你應該認定事情大概都不會有好的結果，並且對未來抱持負面的觀點。這是個有趣又奇特的想法：我們的快樂也許不是取決於實際上發生的事情，而是取決於我們的期望；有時候，悲觀的人可能會比樂觀的人更快樂，因為事情的發展，通常比他們預期的好多了。

7

也許你只是累了

松尾芭蕉怎麼說？

當你心情不好的時候，往往會想要怪罪別人。你覺得煩透了，於是你的大腦環顧四周，看看可能會是誰的錯——你的老師、你的父母、你的朋友，或是你的兄弟姊妹。不過，這根本不是任何人的錯，其實沒有什麼事情出了差錯，你會覺得暴躁煩心，只是因為睡眠不足，只是因為你累了而已。

想像一下，你在跑步，遇到一座小山丘。如果這時你才剛開始跑，仍然精力充沛，那麼這座山丘就不是問題，你不但不介意，還會想試試看自己可以用多快的速度跑上坡。但是，你如果已經跑了很長一段距離，雙腿又痠又痛，而且上氣不接下氣，那麼這座山丘看起來就會很可怕，你會覺得自己沒辦法面對這樣的障礙。雖然是同一座山丘，但是你內心的感覺卻非常不一樣——而這兩種截然不同的反應，全都取決於你的疲累程度。不只是體能方面，其他很多事情也都是這樣。

假設你要計算一道很困難的數學題，如果你正好精力充沛，就不會介意，雖然題目很難，但是你會覺得可以試試看。不過，要是你正好很累，就會覺得這個題目太難了，你可能會滿肚子火，氣憤自己為什麼要做這道題目？其實，你面對的是同一道題目，差別只在於你累了。

聽到別人說「你可能只是累了」，也許會讓你更煩。你通常不會認為這是你心情不好的原因，但問題就在於你可能真的累了，自己卻沒有注意到。再一次，你的大腦又沒有意識到實際上你到底發生了什麼事。

不是只有累了會讓人心情不好，餓了、喝的水不夠、待在室內的時間太長、運動量不夠，甚至沒有曬到足夠的陽光，這些都可能影響你的心情。

問題是，當我們心情不好的時候，通常不會想到這些，只會認定是別人做了什麼事情害得我們心煩意亂。我們累積了滿腔怒火，忍不住想對那些人大吼大叫，讓他們知道他們多麼討人厭。但有可能你只是需要休息一下、喝一杯水、吃頓午餐或者到外面玩一玩，心情就會平復了。說來奇怪（但也很有趣），我們竟然會忘記自己心情不好，可能是因

為一個這麼簡單的原因。而原因簡單的問題還有個好處：問題解決起來也很簡單。和朋友吵架之後要再和好，可能沒那麼容易；要你的工作變得比較不忙碌，或者要你突然變得很會唱歌、很會打籃球，也同樣沒那麼容易；但是喝杯水可就容易多了。也許你沒辦法讓討厭你的人喜歡你，但你絕對可以給自己來個好吃的小點心。

我們之所以看不出自己心情不好，可能只是因為我們累了。我們總會認為，自己如果心煩意亂，一定是因為某種比較重大的原因——可能和政治或者國際事務有關，或是因為別人實在笨得無可救藥。我們總是記不住，自己心情不好的原因，可能只是因為昨晚太晚睡，又或許只是需要趕快來一杯飲料，就會沒事了。

「我累了嗎？」檢測表

你如果突然覺得傷心難過，那麼在陷入絕望之前，
先看看以下這幾點在你身上適不適用：

○ 我已經好幾個小時沒吃東西了。

○ 我昨晚很晚才上床睡覺。

○ 我今天在學校忙了一整天。

你也添加幾個可能讓你感到疲累的理由吧：

○ _____

○ _____

○ _____

○ _____

松尾芭蕉怎麼說？

　　哲學家松尾芭蕉（Mastuo Basho），對於那些能夠大大改變我們人生的簡單小東西很感興趣。他生於三百年前，日本一個很平凡的家庭。年輕的時候，他在當地一個貴族家裡當過僕人，那個雇主待人非常好，也讓松尾芭蕉得以受到好的教育。松尾芭蕉長大以後，自己一個人住在一間小屋裡，常在鄉下漫步。他是詩人，撰寫一種很短很短的詩，叫做「俳句」。他的作品深受歡迎，所以賺了很多錢，不過，松尾芭蕉不想過奢華的生活。他非常喜歡大自然，尤其是樹木和花朵，他也很喜歡到鄰近的一座池塘去觀察青蛙。他認為，我們之所以會經常煩惱、生氣，是因為我們遺忘了很多簡單的事物，以為只有重大複雜的事物才重要。

　　松尾芭蕉常常對別人說，他有多麼喜愛那些微不足道的小事：在早上喝一杯茶，在冬天吃簡單的蔬菜（他推薦韭菜），聆聽鳥兒啼鳴，仰望雲朵或者觀看雨滴。他是一位重要的哲學家，為大家（包括當今的人）提點了一件重要的事實：我們的心情，以及我們覺得人生是愜意還是痛苦，都可能取決於這類小事。這類事物看起來雖然微不足道，對我們的影響卻無限深遠。

8

正常，才不正常

吵架的時候，經常有人會罵對方「不正常」，說對方是瘋子、怪胎，或者變態──類似的話還有很多，意思都是指對方**與眾不同**，所以不是好東西。

問題是，我們對於「正常」其實所知不多。每個人都認為自己知道怎樣叫做「正常」，但這些想法很可能都是錯的：也許有一群人認為熱愛汽車或某一個偶像團體是正常的事情，但也就只有那一小群人認為正常而已；更何況，可能也不是每個人都那麼著迷，有些人或許只是為了融入群體，而假裝和別人有相同的喜好。當他們和另一群朋友在一起時，可能需要喜歡完全不同的東西才算正常。

所謂「正常」的定義，也可能出現很大的改變。與現代不同，以前兒童不上學才是正常的現象──大部分的兒童都待在家裡，幫忙父母工作，那時的人一定會認為整天坐在教室裡學習知識是很奇怪的事

52

情。可是就算到了今天，上學已經成為大家熟悉的事了，在一所學校裡看來正常的事物，在另一所學校裡也可能顯得很奇怪。在日本，學童常常會聊他們的寵物機器狗，但是換成在非洲這麼做，別人大概會覺得你很奇怪——你喜歡的東西也許剛好在你住的地方不是很熱門，但你若是生活在別的地方、別的時代，說不定你的喜好就不會有人覺得奇怪了。

　　實際上，身為怪胎是一件很正常的事情。乍聽之下，這句話好像一點都不合理，身為怪人怎麼可能會是正常呢？但你仔細想一想就會發現，這其實很有道理。「正常」的意思就是「和別人一樣」，但別人到底是什麼模樣？這個問題可能沒有你想像的那麼容易回答。我們在這本書裡已經談過，你不可能看到任何人的全貌，每個人都比表面上看起來還要奇怪而且有趣得多：他們會在半夜想到奇怪的念頭，但永遠不會告訴別人；他們獨自一人的時候，會做出在別人面前絕對不會做的奇怪事情；他們和自家人在一起的時候所表現出來的模樣，也和他們在學校與朋友在一起的時候完全不同。這是因為，人在他人面前表現出來的模樣，只是他們實際樣貌的一小部分而已；你知道這一點，因為你自己也是這樣。如果你有時候覺得自己很怪，別擔心，你和別人的共同點可能比你自以為的還要多，只不過大家都把自己比較奇怪的部分隱藏起來罷了。

　　你可能會想：「我才不在乎自己正不正常，正常又有什麼了不起？」這是個很好的問題。很多哲學家都是從他們不再在乎別人的看法之後，才開始想出這些值得我們學習的觀點。說不定你也會是如此。

卡繆怎麼説？

　　卡繆（Albert Camus）是一位法國哲學家，他在西元 1913 年出生於阿爾及利亞，那時候，阿爾及利亞是法國的一部分。他的爸媽很窮——爸爸在一座農場工作，媽媽則是清潔工。不過，當地的學校非常好，所以他受到了絕佳的教育。他很愛到海灘去玩，也很有踢足球的天分——他擔任守門員，而且他所屬的球隊比賽成績也非常好。他覺得自己從踢足球當中學到的哲學，比他看書學到的還要多。

　　卡繆成年以後搬到了巴黎。他在報社擔任記者，而且喜歡到咖啡廳去。卡繆對人內心特殊的情感有極大興趣——尤其是興奮或者悲傷的感受。他追求的一大目標，就是說服大家不要那麼擔心別人怎麼評斷自己。如果照他的話去做，可以讓你少點擔心，少點孤獨，並且能賦予你探索新事物的自信。

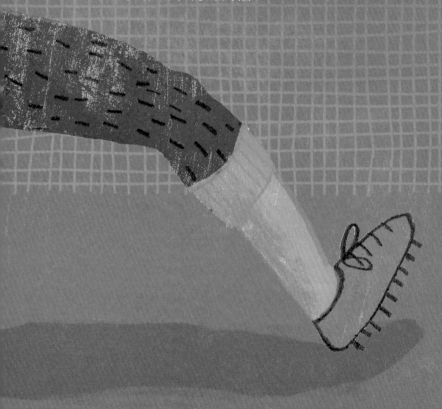

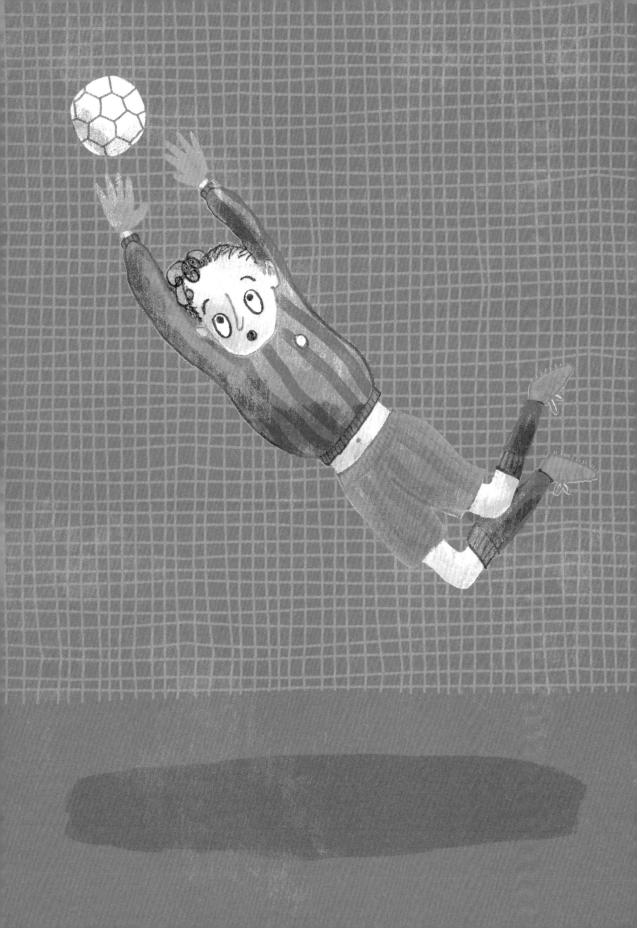

9

不知道也沒關係

笛卡兒怎麼說？

就許多方面而言，學者、老師或是父母，看起來比你聰明的人，好像都很了不起，他們看起來好像知道一切問題的答案，可是他們其實有一個大祕密：他們不是什麼都知道。聰明的人，通常只知道少數幾件事情而已，某個人可能對引擎懂得很多，卻對世界歷史一知半解；另一個人可能對電力原理瞭若指掌，卻對體育一竅不通。

實際上，有很多很多的事情（甚至是重要的事情）是再聰明的人也不會知道的。例如，沒有人知道怎麼打造完美的城市，因為如果有人知道的話，世界上每一座城市都會是美麗、潔淨又適宜居住的，但事實上，大多數的城市都不是這樣；也沒有人知道什麼是治理國家最好的方法，所以世界各國才會有那麼多問題和不稱職的官員。這不是因為他們不夠聰明，而是因為那些問題太困難了。你如果想要看看他

們一臉困惑的模樣，就可以問他們「時間」。不是問「現在幾點」，而是問「時間」的本質是什麼？這是個很難的問題，對不對？或者，你也可以問他們，為什麼有些笑話會比別的笑話好笑？或是問，狗會不會知道自己是狗？跟你保證，他們一定不知道這些問題的答案，畢竟，大概沒有人能夠說自己真的了解這些問題。

聰明的人對於各式各樣的議題，通常都有很多不同的自主意見：國家該怎麼治理？我們該怎麼處理汙染問題？誰的薪水應該比較高？你也可以加入談論這些話題，不確定這些問題的答案也沒關係——因為其他人其實也一樣沒有答案。

聰明的人確實知道很多東西，但是你必須一再提醒自己這一點，他們對於自己人生中許多真正重要的事情，也都經常沒有把握。他們

看起來確實很了不起：有工作，有配偶，也可能擁有房子和車子。但是在內心，他們可能其實不知道自己為什麼和這個人結婚？說不定和別人結婚會更好？也納悶著自己是不是應該換個工作，而且不斷為了錢而擔心，他們或許也不知道自己該不該提出升職的要求，也不曉得該去哪裡度假。他們覺得自己必須做出許多重大決定，卻不曉得自己的抉擇是否正確。這就是為什麼他們經常看起來很嚴肅，而且脾氣也不太好。

這樣的事也可能發生在你身上。就算你有了工作、學會了開車，甚至有了自己的小孩，但你仍然一樣是你，那個懵懂的你。你雖然做了一大堆人生重大的決定，卻還是會有很多困難的問題，讓你不確定什麼才是正確答案──而且你可能永遠都不會知道。

別忘了在腦子裡隨時提醒自己，就算是比你聰明的人，也會有很多重要的事情都不知道。這不表示他們很笨（雖然想像別人也會在思考方面碰壁，是件滿愉快的事），這只代表他們和你其實沒有不同。人就算再聰明，也不會什麼都知道，記住這一點，有助於理解，其實有些事情不知道也沒關係，而且你的想法有時候也和那些聰明人的想法一樣重要。一旦理解到我們所有人其實都面對類似的問題，可以讓我們學著用比較和善的態度對待他人。而且，我們可以試著一起思考看看這些還沒有答案的問題──這麼做，才能使整個世界一起變得更明智。

我想要更了解的事情

列出你想進一步了解的事情，
然後在你找出答案之後將它們打勾。例如：

○ 動物懂得多少事情？

○ 我們為什麼會作夢？

○ 其他行星上有沒有生命存在？

○ 網路是壞東西還是好東西？

○ _____

○ _____

○ _____

○ _____

笛卡兒怎麼說？

　　笛卡兒（Descartes）是一位法國哲學家，出生於西元 1596 年，大半輩子都住在法國巴黎和荷蘭阿姆斯特丹。他留著一撮小小的山羊鬍，也經常戴著一頂大黑帽。他非常精通數學，也當了好幾年的兵，但他最喜歡做的事情是思考。他經常花一整個上午待在床上，就只是為了思考。他的朋友以為他很懶惰，可是他其實一點都不懶惰，因為思考是很辛苦的工作。在一個很冷的日子裡，他坐在暖爐旁（那時候的暖爐都不是很暖）思考著，其實每個人能夠確切知道答案的事情少之又少，更令他深感訝異的是，一般人通常都以為自己知道很多事情，但實際上卻不是如此。人們沒有意識到的是，有很多他們認定的事，其實只是他們的個人意見，而這些一己之見往往是錯的。

　　笛卡兒很熟悉困惑不解的感覺，他認為所謂的聰明，就是能夠對自己不懂的事感到好奇並進行思考。有一個令他百思不解的問題，就是狗會不會思考？狗會不會思考月亮有多遠，或者向自己提出問題？他對於抽象的思緒與實體的物質之間的差異，也一樣充滿疑問：你可以說自己的手指有 6.5 公分長，也可以用尺量一量，確認這句話正不正確；但你卻不能去量一個抽象的概念，來證明它是對是錯。

　　笛卡兒也很喜歡發現別人無知的一面，這能夠讓他覺得更有自信。認為自己很聰明的人，總是擺出一副什麼都知道的模樣，表現得好像知道一切事物該怎麼運作、怎麼樣才算是一份好的工作、該怎麼運用空閒時間、怎麼樣才是治理國家的正確方式、誰該掌權，以及學

校裡該教哪些東西，可是他們其實並不知道這些問題最好的答案是什麼。他們不是笨，只是這些問題太難了，沒找出正確的答案而已。

不過，此刻不知道答案也沒關係，我們可以共同思考這些難題。笛卡兒的哲學觀點，說明每個人只要開始思考，都可以成為思想家。

10

禮貌很重要嗎？

必須時時對人保持禮貌，可能會讓你覺得很煩。有時候，你的家人可能會問你：「今天過得怎麼樣？」可是你不太想回答，這個問題不是很有趣，而且你當時正在一面看雜誌一面吃零食，所以連頭也沒抬，閉口不答。或者，你的朋友送了你一本書當生日禮物，那本書很不錯，可是你不想寄信或打電話謝謝他們，因為你很忙，也或許是你覺得有點害羞。說不定又有一次，你爸為你做了很美味的午餐，你覺得很好吃，可是你想：我真的有需要告訴他這頓午餐很美味嗎？他是我爸，他當然知道這頓午餐很美味——餐點是他做的呀！

你喜歡你的家人（大部分的時候），也喜歡你的朋友，但你可能認為自己有沒有回答他們的問題，有沒有說謝謝，或有沒有說「這頓午餐真好吃，謝謝你做了這頓午餐」，對他們的影響不大，所以你覺得不管說了什麼還是沒說什麼，都不會有太大的差別。

奇怪的是，人的內心其實沒有看起來那麼堅強，他們很容易操心，也很容易受傷。他們擔心愛情，擔心工作，更擔心你。你如果不回答你今天過得怎麼樣，他們就會擔心你可能在生他們的氣；他們做菜給你吃的時候，你如果不說謝謝，他們就會擔心自己沒辦法討你歡心；他們要是沒有收到你對生日禮物的回應，就會擔心你是不是不喜歡那件禮物？——更重要的是，你是不是不喜歡他們？

你通常不會理解到他人有多麼缺乏安全感，不知道自己只要隨口說幾句話，或者是不開口說話，就會傷到他們的心。你可能會令他們感到難過，或是覺得自己很笨。或許你從沒想過，自己擁有這樣的影響力。

你從小之所以知道要有禮貌，是因為你覺得別人都比你強大，要是對他們沒有禮貌，他們就會生氣。但實際上完全不是這麼一回事，禮貌之所以重要，是因為人很**脆弱**，需要小心對待。

我們不會故意去傷別人的心，可是我們可能在不經意的情況下，不小心傷害了別人，不然就是忘了人很容易受傷。你也許偶爾會忘記，自己要是不回應別人的問話，可能會導致對方擔心、難過。這看起來只是一件小得不能再小的小事，只要抬起頭說：「嗨，今天沒發生什麼事。」或說：「我很喜歡那本書。」或說：「爸，謝謝你做午餐給我吃。」就沒事了。不過，這其實不是小事，這樣的話語帶有強大的力量，能夠為人帶來撫慰和笑容，就算是年紀大你五倍的人也不例外。

孔子怎麼說？

　　對禮貌最有興趣也最有研究的哲學家，活在距今差不多兩千五百年前的中國，他是孔子（孔子是尊稱，實際名字是孔丘）。他的爸爸在他還很小的時候就死了，他們家因此陷入貧困。孔子離開學校之後擔任政府官員，後來周遊列國，陸續到一些諸侯國，當國君的顧問。在孔子的時代，軍隊的將領可以為所欲為——因為他們手握大權。

　　他們通常態度都很差，說起話來粗聲粗氣，而且滿口穢語汙言，說話的時候也不看著對方。孔子認為這是個非常嚴重的問題。他認為身為領袖必須良善，而良善有一大部分就是要注意態度和禮貌。他深深思考了鞠躬這件事，以及兩個人該怎麼互相鞠躬，才不會有任何一方覺得受到冒犯或者輕視。孔子告訴我們：無禮的言語就像是利劍，可能使別人受傷。因此，是的，禮貌很重要。

11

我們為什麼拖拖拉拉？

海芭夏怎麼說？

你可能沒看過「procrastinate」這個英文詞語，也可能聽過但不確定它是什麼意思。就算對說英文的人來說，這也是一個比較少用的字眼。這個英文詞語是由兩個拉丁詞語所構成的：「pro」和「cras」，「pro」的意思是「朝向」，「cras」的意思是「明天」，合起來就是指「把事情拖到明天之後再做」。你是不是有時會這樣？例如，你被指定了一項功課：寫一篇作文，描述你在假期做了什麼。出這功課的是一位很嚴格的老師，所以你想要把作文寫好，而且還滿躍躍欲試的。起初，你有一整個週末可以寫，所以你在星期五想著：「我明天再來寫。」到了星期六，你想著：「我星期日再寫。」到了星期日，你又想著：「我今天晚上再寫。」可是到了星期日晚上，你才意識到：現在寫已經太遲了。這下子，你真是覺得受夠了這樣拖拖拉拉的自己。

你的這種行為，很容易會被說成是懶惰，但事情其實沒有這麼單純。我們必須了解自己為什麼會這樣拖拖拉拉（不是只有你會這樣，

66

幾乎每個人都有這種問題）。幸好，哲學的實用之處，就是能讓你除了對自己生悶氣，還能針對你，以及其他人，為什麼會有這樣的問題，提出一些解答。

　　造成你拖拖拉拉的主要原因，其實是**恐懼**。這句話乍聽之下很奇怪，因為你不覺得自己害怕做那項功課啊！不過，你卻可能對另一方面覺得害怕：害怕功課沒辦法做到你希望中的那麼好。你可能在心中先想像了自己的功課應該做得多好，而一想到寫出來可能會不如預期，這樣的結果就會讓你覺得難以接受。如果你開始做了，發現進展沒有想像中順利，而那個難以接受的結果，可能就會成真；於是，你一直拖延著不開始做，以逃避來掩蓋對恐懼——只要你還沒開始，就不會把事情搞砸，也不會出任何差錯。人會拖拖拉拉，往往不是因為懶惰，而是因為他們追求完美，沒有辦法忍受自己無法把事情做到最好。

　　要解決這個問題的方法，不是生悶氣，而是必須說服自己：事情就算沒有做到完美，還是一樣值得去做。你也必須接受這個事實：很多事情其實都沒有表面上看起來那麼簡單，所以你可能沒辦法第一次就把事情做好（就算是做了第二次，甚至到了第十次，也不一定可以做好）。事情不是不可能做好，只是需要一再反覆嘗試而已。你可能覺得別人都做得比你好，但你沒有看到的是，他們也犯過許許多多的錯誤，他們之所以能夠成功，是因為他們持續不斷的努力。

　　你雖然害怕事情可能會做得不如預期的好，但也恐懼自己什麼都不做，當這份恐懼不斷擴大，你就會乖乖展開行動了。

海芭夏怎麼說？

海芭夏（Hypatia of Alexandria）是一位活在羅馬帝國末期的哲學家，她去世於西元 405 年，差不多就是這時候，哥德人這個日耳曼部族攻陷了羅馬城。

海芭夏住在埃及地中海沿岸的亞歷山卓城，那裡以全世界最高的燈塔與最好的圖書館著名。她是位教數學、音樂和哲學的老師，她非常熱衷於把困難的問題，變得讓人比較容易了解。她的爸爸也是老師，他們共同寫了歷史上最早的一本給兒童看的哲學書（不過那本書的數學內容比這本多，因為那時候的人不會像我們現在這樣，把不同科目區分開來）。

海芭夏是位有名的好老師——她為人非常文靜又友善。她相信人所踏出的每一小步都很重要，也相信每個人都有能力，可以學習很多東西。但她說，我們一開始的時候一定什麼都不懂——這不是我們的錯，而是無可避免的情形。她不會罵她的學生懶惰，而是會努力了解他們覺得什麼東西困難。她認為我們之所以會拖延困難的工作，是因為沒有人教我們怎麼從最簡單、最容易的步驟開始著手。海芭夏認為我們是因為恐懼才拖拖拉拉，並不是懶惰。

12

你長大要做什麼？

盧梭怎麼說？

當你年幼時，一定被問過這個問題：「長大以後要做什麼？」而你可能會覺得，這個問題讓人很煩。你知道長大以後你一定得做些什麼——每個人都要找份工作做——可是小時候的你，怎麼知道自己以後要做什麼？

有些年幼的孩子會覺得，自己確實知道答案：他們說自己以後要成為獸醫、足球明星、農夫，或者牙醫。這些想法都很不錯，但是未來通常不會依照小時候的期望去發展。實際上，你其實很難知道自己該做什麼？因此，如果你需要很長的時間才找得出答案，那也是完全合理的。

讓人困惑的是，有一些工作很熱門，所以你會常常聽到有人說長大後要做那個工作。可是那些工作之所以受歡迎，就是因為其中有特

70

殊之處，而這也表示只有極少數人有機會從事那些工作——只有少之又少的人能夠成為成功的演員，或是藉著開發遊戲或發明某個東西而變成大富翁，也只有極少數的人能夠擔任超級模特兒或者成為運動明星。而且，這些工作實際上可能沒有表面看起來那麼好。名人通常不會對自己的名氣樂在其中，因為你一旦出名，很多根本不認識你的人就會因為嫉妒，批評你或者說你的壞話。幸好，另外還有許多有趣的工作可以讓你做，只是你可能不常聽說而已。

所以，要知道你長大想要做什麼？有個不錯的提議是，你可以先不要管做什麼事才可以討好別人，或者做什麼事才可以賺大錢，先去關注你真正喜歡做的事情。也許你喜歡整理東西，或者發揮創意，或者解決問題；也許你喜歡向別人解說事物，或者你對烹飪感興趣，或者你喜歡和別人談論事情並且聆聽別人的意見。雖然這些興趣聽起來不像是份工作（目前還不是），可是沒關係，這些興趣可以成為你工作當中最重要的核心。

在討論工作的問題時，關心你「喜歡」做什麼可能顯得很奇怪；喜歡和興趣，聽起來應該是和工作相反的事情，但是，如果你想要精通一件事情，並且以這項能力當作專業，就必須要樂在其中。所以，你只需要聚焦於尋找你喜歡做哪些具有建設性的事情，而且讓自己愈做愈好就行了。工作，是一種奇怪的混合物，其中包括別人要你做的事（這樣人家才會付錢給你），還有你喜歡做的事情（這樣你才會投入其中）。

還有一個重要問題你可能還沒想到，就是你喜歡玩什麼、怎麼玩？想要找到你真正想做的事，思考這一點，可能會非常有幫助。就像前面提到的，玩樂其實不是與工作相反的東西──實際上，玩遊戲就像是為了工作而進行的演練。重點不在於遊戲本身，而在於你進行遊戲的方式。舉例來說，你可能玩過樂高積木，如果你喜歡依照遊戲說明去把積木堆成某種物件，這就表示你可能會喜歡在辦公室裡工作；如果你喜歡在開始蓋東西之前，先把樂高積木分類好，把同樣顏色和和同樣形狀的積木堆在一起以方便取用，這表示你可能會喜歡精準而且目標明確的工作，例如藥劑師或者配鏡師；又或者，如果你喜

歡即興發揮，想到什麼就蓋什麼，從來不會依照遊戲說明書去做——這樣可能表示你喜歡從事創意性的工作，例如廣告公司的藝術總監，或是平面設計師。以上只是幾個簡單的例子，但你可以從中看出一個模式：工作和遊戲的相似程度，其實比你原本想像的還要高。

　　為什麼有許多人不喜歡自己選擇的工作？那是因為那些工作不夠像是他們以前喜歡的遊戲。他們當初挑選工作的時候，可能沒有仔細思考自己小時候喜歡做什麼事，結果因此付出了慘痛的代價。

盧梭怎麼説？

　　盧梭（Jean-Jacques Rousseau）是一位活在十八世紀的瑞士哲學家，在西元 1712 年出生，1778 年去世。他的爸爸是個小生意人，在日內瓦製造手錶，而且很喜歡念書給小盧梭聽。盧梭長大以後很喜歡聽音樂，也喜歡獨自出外漫步。他非常獨立，少年時候的盧梭，有一次到日內瓦附近的野外散步，等他回到市區，城門已經關了（在那個時候，城市四周有城牆，而且城門在夜裡就會關上）。但他沒有在城門前等待天亮，而是選擇乾脆踏上一場冒險，一路走到隔鄰的國家——法國。盧梭後來變得非常有名，但他並沒有成為富翁，可是沒關係，因為他也比較喜歡過簡單平凡的生活。

　　盧梭的一個重要思想，就是兒童內心經常比大人更有活力。他擔心成年人學的愈多，愈會忘了他們小時候早就已經學過的重要事物。盧梭認為，不該總是由大人教導小孩，有時候大人也應該向小孩學習。

　　他還說，我們應該盡量找到適合自己本性的工作。這個說法聽起來很簡單，實際上卻不是如此：因為我們經常受到別人的影響，往往是別人覺得好的工作，我們才會認同那算是好工作。盧梭非常認真看待兒童的遊戲，他說，我們最早就是在玩遊戲的時候，開始意識到自己長大以後要做什麼事情的。

13
事情沒你想得那麼簡單

尼采怎麼說?

有些事情很明顯是不容易的。能夠在鋼索上騎腳踏車當然很厲害,但要做得到,需要很多很多年的練習,而且在學習過程中一定會經常跌倒,還會遇上許多意外及危險。

有些事情則看起來很容易。你可能看到一個人站在舞臺上表演脫口秀,那個人看起來輕鬆自在,想到什麼就說什麼。你可能會因此覺得當脫口秀表演者好像很簡單,但那個人其實在家裡練習了許多年,站在舞臺上時,才會看起來那麼輕鬆。那個人可能花了很長時間站在鏡子前面,認真思考著自己講笑話的時候該不該挑眉,該不該把左手插在口袋裡。除此之外,在你看到他表演之前,那個人一定也失敗過很多次,他一定講過沒有人覺得好笑的笑話,一定被觀眾噓過、罵過,你看不到他做過的一切練習,以及他面對過的種種困難。那些看起來簡單的事,實際上一點都不容易。

很多事情都是如此，事實上，人生中幾乎所有有趣的事情，都很不容易。只不過，那些成功做到的人，不會告訴你那有多麼難；他們都希望鼓舞你，讓你對此產生興趣，所以對遇到的困難略過不提。別人以這種方式假裝事情沒那麼難，以為這是在幫助你，怕你要是知道這件事有多麼難，就會因此放棄或不願嘗試。他們雖是為你著想，實際上卻可能為你的未來製造了麻煩，無意間為你種下了日後遇到困難而感到失望的可能：因為你以為一切都會很容易，所以完全沒有為挫折做好心理準備。

　　當然，也有一些是所有人都承認非常困難的事，你也就自然而然會投入更多的時間和精力練習。例如，大家都知道第一次學習識字是很難的，所以你在面對這項挑戰的過程中會得到許多幫助，你的老師必須先學習怎麼教兒童識字；市面上有很多給幼兒看的繪本，裡面的字數非常少，可以幫助你在剛開始識字的時候比較容易起步。而且，你也會獲得很多練習機會，沒有人會預期你在短短幾分鐘內就學會識字，學習識字當然需要很多時間和練習，而且你也會需要很多幫助。

　　精通樂器的演奏也是很難的事。你可能看過鋼琴或小提琴，而在心裡想著：能夠彈奏這些樂器該有多麼好玩？——然後你試了三分鐘，結果發現發出來的聲音難聽死了！要在小提琴上拉出一段像樣的簡

單旋律，可能就需要三年的時間練習，而要真正拉得好，所需的時間更長。很多事情其實都像是學習演奏樂器一樣：困難得超出想像。

　　交個好朋友很困難，寫一則自己喜歡的故事很困難，有時候，要了解你的父母也很困難，想知道你長大要做什麼同樣很困難。不過，大家通常不會提到這些事情的困難之處，反而經常會讓你以為這些事情應該很簡單，儘管這些事情都需要花很多時間練習，而且你也需要（並且應該）得到很多幫忙。一旦你明白了事情的困難，了解自己其實需要花很長的時間才能夠學好，出錯時，就比較不會那麼容易緊張或陷入失望。很不幸，事情有時就是會出錯。真正的問題不在於這些事情很難，而是在於我們沒想到它們其實沒那麼簡單。

雖然很難，
但是我（有一天）想要學會的東西

列出你想學的各種東西，以及你會用這些新技能做什麼事情。例如：

○ 學會別國的語言……
　　然後我就會和那個國家的人交朋友。

○ 學會以充滿自信的姿態跳舞……
　　然後我就會邀請別人和我一起跳舞。

○ 學會騎腳踏車……
　　然後我就會騎車去一個我從來沒去過又好玩的地方。

○ 學會…… _____

　　然後我就會…… _____

○ 學會…… _____

　　然後我就會…… _____

○ 學會…… _____

　　然後我就會…… _____

尼采怎麼說？

　　提出這個觀點的哲學家，是位名叫尼采（Friedrich Nietzsche）的人。他出生在十九世紀中葉（1844 年）。他小時候個性很嚴謹，學業表現非常好，但他對自己就讀的那所極度嚴格的學校又愛又恨。他也經常和自己的妹妹、媽媽爭吵。尼采長大以後，曾在一所大學教書，但他不是個很好的老師，經常身體不適。所以，他後來決定放棄教書，出外去遊歷。他在瑞士的山區住了很長一段時間，留了一大把鬍鬚。雖然他看起來很兇，但是為人彬彬有禮，而且很愛說笑話。他寫了很多書，一開始沒什麼人有興趣看，只賣出了區區幾本。不過，尼采去世之後，他寫的書卻變得非常有名，受到很多人崇拜。

　　尼采認為，人經常害怕去做自己覺得困難的事情——儘管那些事情可能非常重要，非做不可。他說，我們會違反自己內心的想法，而說服自己：我不想做那些困難的事。舉例來說，也許有個人在內心裡想要成為數學專家，卻發現數學非常困難，這個人可能會告訴自己說，數學是一門爛學問，只有笨蛋才會想要學數學。這其實是那個人為了掩飾自己藏在內心的抱負，而告訴自己的謊言。

　　尼采提醒了我們，我們應該承認很多事情都很困難，但還是要去做，並且要記住，我們愈努力勇於嘗試，事情就會變得愈容易，最後獲得的成果也就愈豐碩。

14

有一好，沒兩好的理論

愛默生怎麼說？

如果你想從紐約前往巴黎，最簡單也最快的方法自然是搭飛機。飛機擁有適合長途旅行的許多優點，例如巨大的機翼、強而有力的引擎。不過，從學校回家或去商店買東西，搭飛機大概是最不適合的交通方式了。使飛機成為長途旅行首選交通工具的那些條件，也正是飛機難以在鄉鎮或城市裡行駛的原因：一般的道路容納不下飛機的龐大機翼，飛機引擎所產生的強大力道大概也會把所有商店櫥窗震碎。另外，城市街道上也找不到讓飛機停泊的空間。這個例子讓我們看到，飛機適合長程飛行的優點，放到短程的交通上，就成了缺點。

人其實也是這樣。例如一個人在工作上的表現很好：他能夠很快的完成困難的事情，也很會指揮別人，而且可能在很多時候都能夠審慎思考成本的問題；這個人不會缺席會議，也會在工作上投注很多時間（也許深夜和週末都埋首於工作）。不過，在工作上表現傑出的優點，同時也是缺點：這種人大概沒有足夠的時間玩樂和放鬆，他們隨時都在查看手機有沒有工作上的訊息；他們可能充滿壓力和擔憂，因為他們必須確保工作上的每個小問題都能夠迅速解決。所以，這個人雖然工作表現出色，但他的家人可能會認為和他相處，不是一件太愉快的事情。

　　你可能認識一個古靈精怪的女孩或男孩，經常編笑話去消遣老師，不理會師長們對她或他的要求，而且充滿冒險精神，又非常調皮。不過，這些吸引人的特質卻也是缺點：那個人很可能經常惹上麻煩，而且因為總是忙著調皮搗蛋，所以在學校裡也就沒有學到多少東西。當然，情況也有可能正好相反：說不定你在學校認識了一個做事細心又井然有序的同學，但他功課雖然好，卻不喜歡玩遊戲或者爬樹，膽子也不夠大。

　　這裡有個很重要的觀點：人有一個優點，同時就會有一個缺點。不管是你還是別人，我們擁有的每一項優點，必定也會成為我們的缺點。你只要有擅長的事情，就一定也有不擅長的事情。你可以在自己身上看到這一點：也許你氣自己不太擅長某些事情，但也知道自己在別的領域擁有天分；或者，假如你擅長很多不同的事情，但這也有可

能讓你因此缺乏耐心，只要看見別人做不到你會做的事，就滿肚子火。你的長處，多多少少會在其他方面變成短處。如果想要驗證這個觀點，可以玩個小遊戲：把你擅長的事情全部列出來，接著再列出你不太擅長的事情，然後比較看看這兩份清單之間有什麼關聯。

這個「有一好，沒兩好」的觀點，可以讓你對別人多一些理解。世界上絕對沒有一個人是完美的，使一個人在某些方面脫穎而出的條件，一定也會導致他在其他方面表現得不怎麼樣。沒有人能夠成為完美的父母、老師、朋友，不是因為他們頭腦不靈光或者沒有用，只是因為他們就像飛機一樣：令他們在某些方面表現出眾的優點，必定也會導致他們在其他方面有所不足。我們需要將這樣的思考帶入生活，學習包容別人的缺點，同時也要接受自己的缺點。

我的優點和缺點

列出你的優點與缺點。完成以後，再想想這兩份清單有什麼關聯。

我的優點	我的缺點

愛默生怎麼說？

愛默生（Ralph Waldo Emerson）是一位美國哲學家，他出生在西元 1803 年。愛默生在學校的成績不太好，但他上大學以後的表現就出色得多（很多人都是這樣）。愛默生擔任了幾年學校教師，大半輩子都住在波士頓附近，他也熱愛旅遊，去過法國、英國和埃及。他是位傑出的演說家，在美國各地對大批聽眾發表過無數場演說。愛默生非常和藹可親，當時的美國總統林肯也深深景仰他。後來他在鄉下一座美麗的小湖畔買了一棟小房子，他的朋友常在假日去拜訪他。

「我們的優點同時也能成為缺點」的這個想法，大大引起了愛默生的興趣。例如，如果你很聰明，可能也會因為別人無法了解你而感到孤獨；或者，如果你很有錢，也就必須承擔比一般人更多的責任；如果你很有名，就會有很多人嫉妒，所以你可能不會有太多真心對待你的朋友。

愛默生認為，不只人是這樣，動物也是。獵豹是陸地上跑得最快的動物（牠們衝刺的速度，比賽車還快），可是讓牠們得以跑得那麼快的身體條件（例如身體輕盈纖瘦），卻也是牠們在其他方面的弱點；獅子的速度雖然遠不及獵豹，卻可輕易搶奪獵豹的食物，原因是牠們比獵豹強壯得多。愛默生甚至也在非生物身上看到了這種理論，例如一座非常美麗的城市，像是威尼斯或巴黎，可能會因為觀光客太多而令人望之卻步。藉著檢視這些優點與缺點，愛默生指出了一件重要卻有點令人遺憾的事情：世界上，所謂的「完美」並不存在。

15

修補的藝術「金繼」

佛陀怎麼說？

你可能沒聽過「金繼」這個字眼，這並不令人意外，因為大多數人也都沒聽過，但他們可能聽過這個字眼所代表的意思。「金繼」一詞來自日文，「金」代表「黃金」，「繼」則是指「修補」，合起來的意思是：以特殊的方式，用黃金來修補破損的東西。這聽起來可能有點怪，畢竟一件東西如果破損，你通常會覺得這件東西就是毀了，與其特地去修補，你可能會直接選擇丟掉再買新的。但「金繼」所指的卻是完全不同的觀念。

「金繼」的做法，源自於古日本，當時的人非常喜愛收集陶瓷的花瓶與茶杯，並鑽研出製造非常美麗的花瓶與茶杯的傳統技術。由於這些花瓶與茶杯極為精緻，因此非常脆弱，很容易破損。這些物品的主人，通常都會立刻把破損的丟掉，再去買新的。但在十六世紀中葉，有人覺得與其把那些美麗的壺、杯、碗丟掉，不如設法修補。這

88

之後，大家都開始修補破損的瓷器，但他們不是用透明的膠水把碎片黏回去，而是在膠水中混入金粉，因此可以清楚看出一個瓷壺有什麼地方**受過修補**。藉著這樣的做法，明白的呈現出那件物品受過修補，而不是假裝那個茶杯或花瓶沒有損壞過。他們藉此展現自己不介意，而且以擁有這樣破損過的收藏品為傲。

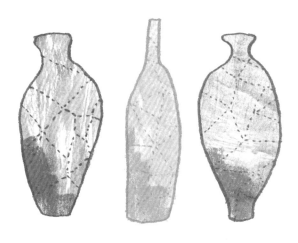

「金繼」是個很重要的概念。雖然它起初是指修補破損茶杯的這種小事，但也可以用來思考更重要的事情：各種東西都有可能會破損，不只是茶杯、碗、玩具或電視。實際上，所有可能破損的東西當中，最需要緊急被修復的，應該就是人了。人，是以一種很奇怪的方法破損，不只是生理上的骨頭斷裂或者身體受傷害。如果你因為非常生氣而說出傷人的話，或是做出惡毒的事情，這時候，你會彷彿覺得自己身上美好善良的部分被破壞了，別人不會再喜歡你了。

但你可以像「金繼」修補茶杯那樣，修補自己。你懂得反省，並向被你傷害的人道歉，這就是一種「金繼」，就是一種修補的藝術。你修補了你們的感情，你不會忘記那件痛苦的事情發生過，也不會假裝自己沒傷過別人——但你努力補救後果，矯正問題。

　　如果你和一個人重修舊好，你們的感情有可能比以前更緊密。你們和好之後，你就會理解，爭吵不代表友誼必須就此結束，反而可以讓友誼更加穩固。你也知道自己可以對家人生氣，然後說明問題出在哪裡而化解衝突——這麼做也有助於改善你們的關係。知道感情可以被修補，是一件非常重要的事情。有時候，你不小心傷害了別人的感情，別人也可能不經意的傷了你的心。這絕對不是好事，不過，你只要記住「金繼」，凡事都有可以被修補的可能。

還有什麼東西也可以
受到修補並改善？

除了茶杯和玻璃杯以外，列出其他可以受到修補的東西。例如：

○ 利用色彩繽紛的補丁修補你最喜歡的牛仔褲。

○ 藉著道歉（而且是真心的道歉）修補友誼。

○ 修補你自己——想想你以前跌倒或者考試被當的經驗。
　沒什麼好丟臉的！那些經歷幫助你學習，造就了今天的你。

○ ＿＿＿＿＿＿＿＿＿＿＿＿＿＿＿＿＿＿＿＿＿＿＿＿＿

○ ＿＿＿＿＿＿＿＿＿＿＿＿＿＿＿＿＿＿＿＿＿＿＿＿＿

○ ＿＿＿＿＿＿＿＿＿＿＿＿＿＿＿＿＿＿＿＿＿＿＿＿＿

○ ＿＿＿＿＿＿＿＿＿＿＿＿＿＿＿＿＿＿＿＿＿＿＿＿＿

○ ＿＿＿＿＿＿＿＿＿＿＿＿＿＿＿＿＿＿＿＿＿＿＿＿＿

佛陀怎麼說？

在兩千五百年左右以前，一位名叫釋迦牟尼（Siddhartha Gautama）的哲學家在尼泊爾出生（喜馬拉雅山脈的所在地），大多數人都稱他為佛陀（Buddha）。佛陀本來是個非常富有的王子，成長過程一直過著非常奢華的生活——要是太陽太大，甚至有僕人幫他撐傘，好讓他能夠在遮蔭下玩耍。但是，他始終不快樂，因為他發現世界上有太多人生活在苦難之中。

於是，佛陀長大之後，就對自己提出了一個很難的問題：要怎麼消除世上的苦難？他想到的一項重要觀點，就是所有人都應該接受萬事皆不完美的事實。別人必然會誤解我們，我們也必然會犯錯，朋友必然會有些惹人厭，擬定的計畫必然會有行不通的地方，想踢足球的時候必然會下雨。這些都是沒有人希望會發生的事，但在我們生活的這個世上，這是無可避免的。佛陀鼓勵我們接受這些事實，不要因此生氣。我們如果總是希望一切都能夠完美，那麼我們一定會非常沮喪，也會害自己陷入不必要的悲傷情緒裡。

佛陀喜愛修補東西的概念，而不喜歡直接把破損的東西丟掉。他認為，一件東西老舊破損，不一定是不好的事。許多人都深受佛陀的觀點啟發，而他的部分追隨者，尤其是在日本，開始非常熱衷於一種想法，認為物品的些微瑕疵，反而使它變得更加獨一無二——就像陪伴了你很久，已經有些掉毛的泰迪熊，它在你心目中的地位，一定是一隻全新的玩偶無法比擬的。

16

要教導，不要嘮叨

康德怎麼說？

被人嘮叨不是很愉快的事情。假如有人叫你做某件事，然後不斷問你：「你做了沒？」你會發現他們愈問，你就愈不想做。有時候，你可能也會嘮叨，你可能曾經嘮叨著要求爸媽，讓你養狗，或是帶你去看一部你很想看的電影，你可能每天問（或是一天問上十次），但他們總是不肯答應。雖然很多人都會嘮叨，但發現了嗎？嘮叨總是沒什麼效果。就算有人終於答應了，也會覺得是被逼著答應的。沒有人喜歡嘮叨，也沒有人喜歡被嘮叨。

那麼，我們為什麼還要嘮叨？基本上，嘮叨其實是希望說服別人去做某件事。你如果嘮叨，可能是因為你非常希望某件事情能夠發生，你認定那件事很重要，或是可能很美好，所以希望別人同意你的想法，明白你所明白的。

94

但問題是，嘮叨這種做法不太能夠使別人明白任何事，它就像是一種很糟糕的教導方法。假如你在上課時，一直學不懂數學課新教的算式，這時候，一個很不會教書的老師可能就會一直說：「你為什麼不開始算？」他沒有解釋，也沒有真的教你怎麼做，只是不斷嘮叨而已。

這裡的重要思考觀念是：人如果聽不進別人嘮叨，通常是因為他們沒有充分明白那件事情為什麼重要？嘮叨的人知道某件事情很重要，卻沒有說明為什麼應該做那件事，以致沒有人了解，所以也就沒有人會照做。比起嘮叨不停、糾纏不清或者喋喋不休，那麼你真正應該做的，其實是教導別人明白你的想法和感受。

想到你也能成為教導別人的老師，也許會讓你覺得有點意外，你可能會認為老師是年紀比較大，在學校教導學生的人。不過，教導其實是每個人偶爾都必須做的事情。每當你幫助別人了解一件事，就是在扮演老師的角色——這個角色扮演可能沒那麼容易，因為你通常都是被教導的那個人。

想想你遇過最好的老師，那個老師做了什麼事情讓你這麼喜歡他？也許他非常善於聆聽，他不只跟你無話不談，也會聆聽你的意見；或者，也許他問了你很多問題，想要知道你為什麼不了解某一件事情。這位好老師大概也非常有耐心，你如果不懂，他也不會罵你笨；他可能也充滿熱情，滿心想要和你分享各種知識；最重要的，他

不會讓你覺得不懂某件事是你的錯。好老師會記住這件事：一件事情如果沒有人教你，你就不可能會知道；如果你因為不知道一件事而做錯了，絕不是因為你笨，而是因為還沒有人為你扮演過稱職的老師。

　　所以，你對於怎麼樣算是好的教導方法，可能已經有了了解，因為你以前遇過好的老師，你也可以藉著向他們學習，讓自己成為更好的老師。如果有人對著你嘮叨，別忘了，那個人只是想要教你某件事情而已，也別忘了，你如果想要向別人說明一件事，那麼用教導的方式，絕對會比嘮叨來得更好。

嘮叨與教導

**你還想得到哪些事情，可以用教導代替嘮叨？看看以下的例子，
然後寫下你想到的例子。**

嘮叨的例子	教導的例子
「去整理你的房間！」	「把房間整理好， 你會比較容易找得到東西。」
「快點，你要遲到了！」	「準時，是表示我們尊重對方。」
「你真難搞。」	「你覺得，為什麼你會有 這樣的行為？」

康德怎麼說？

　　西元十八世紀，有一位住在德國的哲學家名叫康德（Immanuel Kant）。他的外貌看起來很怪——他非常矮小，又有點駝背。他家很窮，但他的成績很傑出，結果在一所大學裡找到工作，成為深受學生喜愛的老師。他參加許多派對，以致朋友都擔心他沒有時間寫書，還好他每天早上都很早（清晨五點）起床，利用晨間寫作。他很注重整齊清潔，也很喜歡為自己的生活訂定各種小規則。他總是在下午四點準時出外散步，而且規定自己在晚餐後享用蛋糕或冰淇淋的時候必須說笑話。康德熱愛在清朗無光的夜裡仰望星空，這可以提醒他宇宙有多麼浩瀚，自己有多麼渺小。

　　康德不喜歡人對別人頤指氣使。他認為最重要的事情是要明白自己的行動意識——你不該只是因為別人要求你做一件事就去做，而應該要知道為什麼那是一件值得做的事。所以，如果我們想要別人做某件事，就必須充分說明為什麼這件事重要？我們必須讓對方能夠自己看出做這件事的價值。康德認為，一件事情如果真的很重要，那麼別人應該自然會明白為什麼需要完成那件事。你只要教導他們，就不必一直嘮嘮叨叨、惹人討厭。

17

我們都是表裡不一的

別人怎麼猜測你的內在，有很大一部分取決於你的外貌。這個觀念很特別，解釋起來有時也很困難，但非常值得討論。

如果你看起來可愛天真，別人（尤其比你年紀大的人）可能就會認為你是個乖巧又有禮貌的好孩子。這樣的想法可能和你真實的內心沒有太多關係，但別人並不曉得。要是你看起來一副邋邋遢遢又瘋瘋癲癲的模樣，那麼別人大概就會認為你的個性也一樣糟糕，實際上你可能細心又體貼。

如果你覺得這種判斷很不公平，那麼可別忘了，你有時候也是這麼看待別人的。你對一個人如果不是很熟，大概就會從對方的外貌來猜測他的為人。你剛認識一個人的時候，完全不曉得對方的內心有什

麼想法，唯一擁有的判斷根據，就是對方的外貌。

　　不過，換成是你就不一樣了。你了解你自己，也知道自己的外貌其實不怎麼能夠代表你的內在。你也許不希望自己長成這個模樣，你可能覺得自己太高或者太矮，或者希望自己的鼻子、頭髮或耳朵能夠變成別的樣子，你也許擔心自己太胖或者太瘦，或者長得太與眾不同。你的這些擔憂，背後都有一項主要的顧慮：別人可能會對我產生錯誤的印象，因為他們看不到我真正的內在，只會看到我的長相。

　　你可以仔細觀看鏡子裡的自己，然後想像別人單純從你的外表，

可能會認為你是什麼樣的人？他們可能會猜對一兩件事情，但一定會猜錯其他許多東西。你的外表和你的內心，完全是不一樣的兩回事。

試著把你的頭髮梳成不同的髮型，或者在鏡子裡裝出不同的表情，這些變化根本不會改變你——你還是同一個你。不過，你的臉呈現出來的表情，會對別人傳送不同的訊息。說來神奇，你只要改變自己的外貌，就可以輕易改變別人對你的觀感。

不過，不管你怎麼改變自己的髮型，穿上不同的衣服，或者學習如何面露微笑或皺眉頭，有一件事都是可以確定的：別人沒辦法單純從你的外貌就知道你是什麼樣的人。這不是因為別人太笨，而是因為一個人內心真實的個性，本來就很難為別人所知。

當然，這讓人有些哀傷。你無法選擇自己的外貌，但別人卻藉此評斷你的為人。他們看到你的頭髮、鼻子、或者雙腿，然後會以此評價你，所以，擔心自己的外表是正常的，因為（說來令人感慨）每個人都知道別人會以外貌評判自己。

雖然不公平，但事實就是如此。這種情形會發生在每一個人身上。每個人都生在一個不是自己選擇的身體裡，我們無法選擇自己的相貌，但我們似乎還是用別人的外貌來評判他們。

　　因此，我們可以先試著記住這一點：每個人的內心可能都和他們外表大不相同。一個看起來聰明而乏味的人，可能其實友善又風趣；一個說起話來怪裡怪氣的人，可能會說出具有智慧的話；長相非常漂亮的人，可能滿心憂鬱而且厭惡自己；看起來非常成功的人，也可能內心覺得自己很失敗。這些從外貌絕對看不出來，不過，有一點是你可以肯定的：他們全都像你一樣，他們的內心都和他們無法選擇的外貌不一樣。

沙特怎麼說？

　　法國哲學家沙特（Jean-Paul Sartre），出生於二十世紀初期的
1905 年。他在學校很不快樂，經常遭到欺凌，可是上大學之後成績
變得很優異。他的耳朵異常的大，右眼看起來又似乎總是盯著角落
看，而且他很調皮，愛惡作劇。大學畢業後，沙特當了幾年的學校老
師，主要住在巴黎。他喜歡到咖啡廳去，也很愛吃蛋糕和糕餅。他後
來變得非常出名——他在 1980 年去世時，有五萬人參加了他的喪禮。

　　沙特對於人生中一切古怪的事物都深感興趣，其中一件古怪的事情
就是：我們能夠以兩種非常不同的方式感受自己，一種是我們「自己眼
中」的模樣，一種是「他人眼中」的模樣。我們的腦子裡有各種關於自
己的記憶、計畫、觀念、希望以及許多複雜的感受，但在別人看來，我
們可能就只是個戴著眼鏡，在附近那所學校上學的學生。沙特擔心我們
可能會捨棄自己腦子裡所有那些充滿趣味的東西，變得太過在意別人對
我們有什麼想法，而開始以別人看待我們的方式認知自己。

　　我們不是故意以貌取人，卻經常忘了外表其實並不代表一切。你
也許認為你的老師只是個很普通的老師，頂著一頭有點呆的髮型，腳
上穿著破舊的鞋子，可是他的內心可能不是這樣。你的老師記得自己
五歲時玩捉迷藏的樣子，也記得自己十二歲時體操成績很好；他熱愛
游泳，也喜歡和朋友共進晚餐，還夢想到冰島爬山、學騎摩托車或者
跳舞。

我們都必須像沙特一樣，記住自己不可能單憑外貌就了解一個人。你必須先從認識對方開始。

18

你為什麼會覺得孤獨？

蒙田怎麼說？

你有過孤獨的感覺嗎？你可能每隔一陣子就會有這樣的感覺，每個人偶爾都會覺得孤獨，就算身邊有朋友和家人陪伴也是一樣。

這是孤獨最令人難解的一點，這種感覺，不只會在身邊沒有人的情況下出現，實際上，我們會感到孤獨，大部分都是在我們覺得沒有人了解我們的時候。這就是為什麼孤獨的感覺總會讓你懷疑自己是不是有問題？也許上學時，你班上同學們深感興奮的東西，你根本不感興趣；也許你很喜歡研究昆蟲或者希臘神話和傳說（舉例來說），可是別人卻似乎對這些東西毫無興趣。你可能就會因此感到孤獨，覺得自己很奇怪，別人都不了解你。

不過，你並不奇怪，而且你也一點都不難了解，只不過是圍繞著你的人數太少而已。也就是說，剛好和你分在同一班的學生，其實只有二、三十個，而你的家人人數也只用一隻手就數得完，在這麼一小群人裡，實在沒有太多機會可以找到完全懂你的人。幸好，全世界有那麼多的人口，其中一定會有許多極為和善又與你興趣相投的人，會很樂於和你談論那些興趣。想像看看，一百個人裡面或許會有一個人能夠真正了解你，這樣聽起來雖然不多，但在一座一百萬人的城市裡，就有一萬人了解你，在一個六千萬人口的國家裡，就會有六十萬這樣的人！

所以，與其說「沒有人了解我」，你可以說：「我現在身邊的人沒有一個了解我。」這兩種感覺之間，有著很大而且非常重要的差別：雖然你只和一小群人上同一所學校，而且那些人可能都不盡然和你擁有相同的興趣，但你可以知道真正的問題不在於你。問題在於學校和家庭都太小了，不像全世界那樣擁有各式各樣有趣的人。但是別擔心，你並不需要等上幾百年，才能認識與你興趣相投的新朋友，因為他們可能隨時都會出現。

　　另外還有一個重點：別人雖然看起來和你的興趣不同，但說不定有一天，他們也會發展出和你一樣的興趣。也許你的班上還有其他人也喜歡談論昆蟲和希臘神話，只是他們閉口不言而已，因為他們一直以為沒人對這些東西感興趣。又或者，他們會想要學習這方面的知識，只是還沒有機會充分了解其中樂趣而已。

　　你可能覺得，自己是唯一會不時感到孤獨的人，但別忘了，實際上幾乎每個人都會偶爾覺得孤獨，他們只是因為羞於承認，而閉口不說而已。不過，這其實沒什麼好羞恥的，每個人都想要找到可以了解自己的人，好讓自己有人陪伴。我們必須提醒自己：世界上絕對有那些與我們志同道合的人，也許目前還沒找到，但那樣的人絕對存在，而我們也一定會找到他們，只要我們敢於承認（一開始先對自己承認）自己覺得孤獨。

誠實面對孤獨的感受

列出一些可能會讓你感到孤獨的事物。
知道你在哪些方面會感到孤獨，可以作為友誼的起點，
因為好朋友會對彼此訴說別人不懂的事。

蒙田怎麼說？

　　名叫蒙田（Michel de Montaigne）的法國哲學家，是歷史上數一數二善良的人。他生於西元 1533 年，來自一個很富有的家庭（這家族甚至擁有一座城堡），而且他也一度在政治界有一份很好的工作。不過，蒙田大部分的時間還是喜歡待在城堡的塔樓上，那個有很多書本的房間裡。當時的平民雖然不像他受過那麼多教育，但他卻非常喜歡他們。他認為種植蔬菜或者清理房屋，帶給人的人生學習不但不比讀書來得少，甚至可能還更多。他留著一小撇髭鬚還有鬍子，而且很年輕就禿頭了。

　　蒙田有時候覺得很孤獨，他喜歡的東西和住在附近的其他富有人士不一樣。不過，他經常出外旅行，因此能夠在旅程中看到各個國家的不同。在一個地方看來尋常無奇的服裝，在別的地方卻可能看起來非常奇怪。蒙田意識到，我們會覺得孤獨，只是因為我們恰巧沒辦法融入身邊的環境──但我們可能在別的地方可以融入得剛剛好也說不定。

　　接著，蒙田做了一件很奇特的事情──他寫了一本書，描述身為「他」是什麼樣的感覺。他是有史以來第一個這麼做的人，結果更令他大吃一驚，因為他發現有許多人都非常喜歡那本書，當然不是每一個人，也許在每一百個人當中只有一個，但在整個國家裡，這樣的人數就非常多了。也許他的鄰居不感興趣，也許村莊裡的居民毫不理會，但他發現了一件非常重要的事情：確實有許多人願意也能夠了解你，只是你可能還不知道他們是誰而已。

19

人生有什麼意義？

「人生有什麼意義？」這個問題聽起來或許很嚴肅，一般人有時會認為這是個有點無聊的問題，或者以為這個問題的答案一定很複雜。實際上，這是個非常重要的問題，而且答案也不會太難理解。

人生的意義，就是讓你覺得你的人生有趣而美好，就這麼簡單。要達到這個目標，最主要的重點就是導正。一旦你將一件事導正，就是解決了一個你覺得重要的問題。你利用自己的才智與技能，讓你自己不再受到那件事物的困擾，這麼做能夠令人開心，不管是多麼小的事都也不例外。例如你的房間很髒亂，於是你藉著清理房間導正了這個問題，完成之後你就會覺得心情很愉快。或者，你和別人吵了一架，然後你藉著擁抱和他和好，那就是在導正這個問題。發生問題會使得人生難過，所以我們若導正了問題，人生自然就會變得美好。因

此，「導正」是賦予人生意義所必須做的事情。

不過，導正問題不一定都會像清理房間，或是給人一個擁抱那麼容易。人生中除了小問題，也有大問題。大問題不但對你有害，也可能會傷害到其他人。要知道怎麼做才能夠讓自己的人生有意義，你可以挑選一個你想要導正的大問題；這個問題，在目前感覺起來有多大或者多嚴重，並不重要。你挑選的問題可以是：「城市要怎麼變得適宜人居住？」或是：「人怎麼樣才能少吵點架？」或是：「為什麼不能每個人都說得出好笑的笑話？」或是：「為什麼不能每個人都擁有一份好工作？」你也可以單純從一件令你感到困擾的事情著手，例如路人在街道上亂丟太多垃圾，或是你的朋友花了太多時間滑手機而不和你說話。這些事情都很惱人，惱怒的感覺，使你注意到世界上不太美好的事情，而這件事情需要受到導正。

你也許還不知道該怎麼導正你的問題（但你可能有些點子），沒有關係，先問自己有哪些大問題需要被導正，愈早開始這樣的思考愈好。你能夠在人生的上半場，就開始思考這樣的問題，是好事，因為這樣你可以先得到一些概念，知道學習哪些種類的技能會對你有幫助。有時候，上學感覺沒什麼意義，是因為你打從心裡覺得：「學這個有什麼用？」可是你一旦發現自己必須學習某些東西，這些東西可以幫助你導正重要的問題，那麼接受教育就會變成讓人感到興奮的事了。

也許你無法完全導正一個大問題。這也沒有關係，重點是你付出了努力，而且為那個問題的導正幫上了忙，就算只有一點點，也不無小補。只要你努力做事，人生感覺起來就會有價值，而且那種有意義的感覺，取決於你所盡的力量，而不只是你所達到的成果。想想你玩拼圖時的經驗，你就可以更明白這種感覺。在拼圖的過程中，也許有一塊拼圖，你一直不曉得該放在哪裡，你深感挫折，但還是繼續努力，最後終於找到了那塊拼圖的正確位置。那塊拼圖和周圍的其他拼圖接合得很完美，終於能夠把它放在那裡讓你覺得很開心。雖然你還沒完成整幅拼圖，但是你覺得自己有所進展。

　　所以，人生的意義，不是某些偉大或令人敬畏的東西，而是讓你在解決自己最重視問題上有所進展的成就感，就算你還沒把問題完全解決，也沒關係。

列出你想導正的問題

把你認為特別值得導正的問題列出來。例如：

我們該怎麼讓城市變得更適合居住？

為什麼有些人對待他人的態度很差？

要怎麼做才能活出快樂人生？

亞里斯多德怎麼説？

　　有一位哲學家，他深深思考了怎樣才能讓人對人生充滿興趣並感到滿足，他叫做亞里斯多德（Aristotle）。他活在古希臘時代，但因為年齡相差太多，而沒有機會認識他的前輩蘇格拉底（就是我們在第18頁提過的那位哲學家）。亞里斯多德做過一份相當特別的工作，一名年輕王子的老師，那名王子叫做亞歷山大。亞歷山大在不久之後當上國王，而且領導的軍隊征服了當時幾乎所有國家，他達成了許多功業，被人稱為亞歷山大大帝。相信你也想像得到，對於一位老師而言，看到自己的學生征服了世界，一定是很奇妙的感覺。

　　亞里斯多德似乎沒有不感興趣的事物。他活在一個眾人所知不多的時代，於是他致力於理解各式各樣的事物，例如：樹木是怎麼生長的？為什麼風會吹？什麼樣的政府最好？為什麼有些人比別人快樂？蠕蟲是怎麼誕生的？怎樣才能說服別人？思考又是怎麼一回事？

　　他的一項重要觀點和技能有關。我們都很熟悉「技能」這個概念，例如你可以精通洗牌（如果你常常練習的話），或者用阿拉伯語對話（如果阿拉伯語不是你的母語的話）。不過，亞里斯多德認為說笑話、保持冷靜、和善待人以及明智理財，這些也都是技能。他說得沒錯，人不是天生就懂得這些，而是要經過學習與練習。只是一般的

學校通常不會把焦點放在教導這些事情上。

　　亞里斯多德也認為，最能夠讓人樂在其中的一件事情，就是去挑戰那種一開始覺得困難的工作，因為它會促使我們去學習技能。如此一來，我們就會覺得自己的能力與才智，受到了充分運用與肯定。亞里斯多德認為，快樂就是覺得人生有意義，而要達成這一點，方法就是積極的去追求你想要達到的那個目標。

20
我們為什麼討厭便宜貨？

瑪麗・沃斯通克拉夫特怎麼說？

你愛鳳梨嗎？喜歡得讓你失去理智嗎？大概不會。很多人都喜歡吃鳳梨，但應該沒什麼人會被鳳梨迷得神魂顛倒。在兩百年前，情況卻非常不一樣。那時候，鳳梨確實曾經風靡一時，若是你買了一顆鳳梨，就會舉辦一場特別的派對，邀請所有朋友前來欣賞，每個人都可以吃到一小塊鳳梨，事後還會津津樂道個幾星期。

為什麼現在人們對鳳梨的感覺，不像兩百年前那麼興奮？鳳梨吃起來的味道還是一樣，唯一改變的是鳳梨的價錢。現在，鳳梨的價格並不高，但在兩百年前的歐洲，它可是貴得驚人。那時候，種植鳳梨並且在漫長的航海途中保持鳳梨新鮮，是非常困難的事情，所以，那時鳳梨的售價，相當於現在一輛汽車的價錢，是當時最昂貴的食物。

不過，人類終究想出了辦法，用簡單的方式種植鳳梨，於是價格隨之滑落。這麼一來，大家對於鳳梨的狂熱也就愈來愈低。鳳梨的故事，讓我們了解了人有一種特性：一種東西如果稀有又昂貴，我們就會比

較想要追求它；但如果這種東西變得便宜又容易取得，就不會再引起我們那麼多的關注，我們也因此不再注意到這一類東西的好。

再來，想想泡澡這件事。泡澡很舒服，但你大概不會認為泡澡特別有趣。不過，在好幾百年前，人們卻認為泡澡是極其了不起的事情，他們會純粹為了泡澡而出外度假。泡澡本身沒變，只是這件事情現在變得很容易而已。又或許你從來沒想過一杯水可以是多麼美妙的東西，可是你要是跑來跑去好一陣子，覺得口乾舌燥，這時候好不容易終於喝到了一口水，你就會覺得渾身舒暢，只有在這樣的時候，你才會注意到水有多麼好喝。或想像一下，水很貴，而你只有在特殊時刻才能喝水犒賞自己，那麼你大概就會認為水是全世界最美妙的東西。

你可以和自己玩個遊戲，提醒自己那些簡單事物所擁有的真正價值：試著用你通常只會投注在昂貴物品上的那種注意力，仔細鑑賞一件價格低廉的東西。你可以咬一口厚切薯條，然後用心感受那種溫熱又令人滿足的口感。你也可以想像自己是全世界唯一可以刷牙的人，你一定會很驚訝的發現，刷牙是這麼有趣，而且刷完牙之後的感覺是這麼清新。或者，去想像你的鉛筆的價格和車子一樣貴，這樣你就會開始注意到，鉛筆這種東西的設計有多麼聰明，居然能夠讓人削尖之後在紙上書寫。

我們可以選擇把注意力投注在任何微不足道或者看似平凡的事物上，而那件事物會因此顯得美妙許多。

瑪麗·沃斯通克拉夫特怎麼說？

　　瑪麗·沃斯通克拉夫特（Mary Wollstonecraft）是一位英國哲學家，出生在西元 1759 年。她成長於倫敦，但她的童年過得並不快樂，原因是她的爸媽經常吵架。長大之後，她和幾個妹妹一起成立了一所學校。這件事在當時鬧得滿城風雨，因為那時候許多人都認為只有男孩才能接受教育，但瑪麗一點都不同意。她後來成為很好的老師，還寫了給兒童看的哲學書（書中有一章探討了拖拖拉拉的問題，這問題我們在這本書裡也有談過）。她喜歡參加派對，也因此和許多有趣的人結為朋友。她非常勇敢，而且不太介意別人怎麼看待她。有一次，她遠赴瑞典、挪威與丹麥三國，只為了幫一個朋友找回被人竊取的珍寶。

　　瑪麗·沃斯通克拉夫特對於人花錢的方式深感興趣。她致力於教導別人，在買東西之前，先認真思考自己真正要的是什麼。她把這種認真思考事物的行為稱為「理性」。她認為，有很多富裕的人，都把錢浪費在自己不喜歡或者不享受的事物上（她絕對不會鼓勵別人花一大筆錢買昂貴的鳳梨）。這並不意味她認為貧窮是好事（她喜歡穿漂亮的衣服，自己寫的書能夠暢銷她也感到開心），而是她發現許多人，不論貧窮或富有，都忘了簡單又平凡的東西可以有多麼美好。她努力想幫別人記住這一點。希望她也能夠幫上你的忙。

21

那些新聞沒告訴你的事

你經常會從電視或是報紙看到新聞，而新聞的內容通常都不是好事：某個地方發生了戰爭，哪裡發生了地震或洪水，什麼地方發現了炸彈，某個人傷害了另一個人，或者某個店家遇上了搶劫，這些新聞看起來可能很可怕。有時候，新聞還會報導知名歌星或者運動明星的消息，或是一名富商買了一艘新遊艇，或是政治人物做了哪些重大決策。你可能會覺得，新聞告訴了你世界上發生的一切，也許你還認為，世界的模樣就像你在新聞內容看見的那樣。

可是，奇怪的是，新聞其實把大多數世界上發生的事物都忽略掉了！想想那些你從不會在報紙上看見的事：報紙絕對不會報導你上星期在朋友家玩得多麼開心，不會報導你為家人的生日所做的蛋糕，也不會報導你昨天說了什麼好笑的笑話，更不會報導你的一天過得愉不愉快。你的人生中有許多重要事情，都不會被新聞報導。不只是你，

幾乎每個人的情況都是這樣。也許在新加坡,有兩個男孩吵架,然後又和好了,這是一件很重要的事情,卻沒有新聞報導;或者,南非的一個女孩以為她最喜歡的長褲不見了,結果原來只是被她媽媽丟進了洗衣籃而已;又或許,在西班牙馬德里有一隻貓找到了一處牠覺得溫暖舒適的窗臺,然後在那上面躺了整個下午,但這件事卻連當地報紙也沒有報導。每天都有無數件像這樣重要的事情發生,全都沒有被新聞報導出來,如果這些事情被報導了,那麼你所認為的世界的模樣,就會非常不一樣,而且會變得更正確。

這類事情不會被新聞報導,是因為新聞通常只選擇報導令人震驚或非常不尋常的事情,儘管世界上發生的大多數事情其實都不是這樣。新聞通常會聚焦於世界上發生的壞事,藉此吸引人們的注意。可是,如果我們看多了新聞,可能就會覺得世界上的一切事物都很糟糕。但世界上其實也發生了許多美好的事情,只是這些事情沒有那麼受重視。假如你拍下一天裡發生在你身上最糟的三件事情,然後拿給別人看,他們一定會覺得你這一天過得很慘,不過除了那三件事之外,其實你的一天可能過得還滿愉快的。

看新聞的時候,一定要記住:新聞只呈現了世界上非常非常小部分的事,實際上,這個世界沒有那麼糟糕,只是新聞沒有把好的部分呈現給你看而已。

德希達怎麼説？

　　德希達（Jacques Derrida）是一位法國哲學家，他生活的年代與我們滿相近的，他生於西元 1930 年，逝世於 2004 年。他在非洲北部沿岸的阿爾及利亞長大，但那時的阿爾及利亞還是法國的一部分。德希達熱愛足球，曾經立志想要成為足球員（巧的是，德希達深受我們先前見過的另一位哲學家卡繆的啟發。卡繆也成長於阿爾及利亞，並且同樣熱愛足球）。後來，德希達為了上大學而搬到巴黎。他寫了很多書，變得非常有名。他空閒的時候很喜歡打撞球，他也很喜歡貓，頭髮總是亂糟糟。

　　德希達研究人們說出口的話，但是，他更著迷於那些沒說出來的話。也就是說，他關心別人閉口不說或者不想關注的事情。他看報紙的時候，總是想著其他那些應該被報導，卻被忽略的事情：「那些事情為什麼沒有被報導？」

　　德希達認為，人之所以會忽略某些東西，背後通常有重大理由。這種情形不只是錯誤造成的結果。人們並不是單純忘了提起，他們這麼做是為了讓自己能夠不斷述說別的事情，藉此自欺欺人。新聞也是一樣：新聞沒有忘記世界上隨時都有許多美好的事情正在發生，而是刻意要讓你覺得，這個世界比實際上的模樣還要危險並且可怕得多。

22

當藝術品成為廣告

黑格爾怎麼說？

這個說起來或許有點怪，但藝術（也就是你在藝廊裡看見的那些藝術品）其實和廣告很像。廣告的力量非常強大，也是全世界數一數二搶手的行業，因為許多大公司都必須靠廣告吸引人購買他們販賣的商品，你每天可能都會看到好幾百則廣告：推銷披薩、汽車、旅遊、巧克力棒、玩具、遊戲、手錶、手提包、鞋子……，幾乎你可能需要的所有東西，都能在廣告裡看見。

不過，實際上卻有很多東西都沒被放入廣告中。一般來說，沒有廣告會鼓吹以下這些事情：要成為貼心的朋友、要與家人融洽相處、要善待兄弟姊妹、要學會感受樹木或雲朵的美妙之處，以及獨處能帶給你快樂。這些事情全都非常重要，但通常不會出現在廣告裡。不過，這樣的廣告確實是存在的——在藝術當中。藝廊裡的藝術作品，或許看起來有點無聊，實際上卻不然。藝術適合所有人欣賞，而且對於那些人生中最重要但可能會被忽略的事情，藝術品是最好的廣告。

左邊這幅畫，廣告的主題是要善待兄弟姊妹。它之所以是廣告，是因為畫家想藉著這幅畫，讓你知道「善待兄弟姊妹」這件事情很重要，而且美麗的畫面能夠吸引你追求這個目標。這幅畫不是要你買鋼琴或藍色洋裝，而是要你善待有點愛胡鬧的弟妹，就像畫裡的女孩那樣。

〈被打斷的鋼琴練習〉，范德高（Willem Bartel van der Kooi），西元 1813 年。

右邊這幅畫，廣告的主題是想讓你欣賞大自然中雲朵的美。藉著美麗的雲朵吸引你的目光。這幅畫想要向你說明：觀看天空，能為人帶來多麼美好的感受。這幅畫不是要說服你買任何東西，而是要說服你去做一件事：親近大自然。

〈一座廢棄城堡與一間教堂的風景〉，雷斯達爾（Jacob van Ruisdael），西元 1665 至 1670 年。

〈草地〉，杜勒（Albrecht Dürer），
西元 1503 年。

左上這幅畫，呈現了蹲下來以後看到的，雜草和泥土的景色。你可以仔細觀察草葉，看看這些葉子獨一無二的形狀。這幅畫，或說這篇廣告，想要引起你的注意，讓你發現，仔細關注你周遭的自然環境，會是件多麼有趣的事情。

〈友誼〉，艾格尼絲‧馬丁（Agnes Martin），
西元 1963 年。

有時候，藝術品會以一種感覺作為廣告主題，而左下這件作品所廣告的主題就是：在獨處當中感受到的平靜與喜樂。這位畫家手繪出這些線條，並且排列得非常整齊。她喜歡獨自創作，這能使她更全心專注於創作上，所以這幅畫提醒了我們，獨處其實也可以是件愉快的事。

有些人認為廣告不好，因為廣告會誘導我們去渴求我們實際上不需要的東西。這樣的說法很有道理，有些廣告也確實是這樣。不過，這不是廣告的全貌，有些我們真正需要的東西，也會被放入廣告中。藝術在這個時候就可以派上用場，藝術可以把我們的注意力，引導到人生中更美好而重要的事情上。你如果想要和藝術品交朋友，想要認識它，有個很適合提出的話題：這件藝術品「廣告」了什麼美好的事？

黑格爾怎麼說？

　　黑格爾（George Wilhelm Friedrich Hegel）是一位德國哲學家，出生在西元 1770 年。他在學校非常用功，成績總是名列前茅。後來，他成為一所學校的校長，接著又辦了一家報社，最後成為一名大學教授。他喜歡熬夜，熬得非常晚，你要是在半夜到他位於柏林的公寓拜訪他，一定會發現他還在認真工作。他熱愛打牌以及與朋友一起唱歌，寫了許多內容非常複雜的書，他後來變得非常有名。

　　黑格爾很喜歡研究抽象概念，但他理解，每種概念都有一項令人稍感悲傷的特質：概念很容易被我們忽略。他知道我們通常必須看見並且感受到一個東西，才會對它有所感覺。如果有人只是對你說澳洲的海灘很美，你大概不會有什麼感覺，但若有一張照片，可能就會勾起你的興趣。那張照片讓你看到又長又寬的柔軟沙灘，還有岩石與海浪，以及溫暖的陽光，這可能就能讓「美麗的海灘」鮮明呈現在你腦中。只要稍微想一想，就會發現這其實很合理，因為，當我們還是嬰兒的時候，就會觀看，而思考這件事，卻是長大以後才開始學會的。所以黑格爾說，藝術必須做的，就是把概念和我們的感受連結起來，藝術能夠將這些被忽略的概念呈現出來，讓人看得到也感受得到，也能讓我們更清楚理解。

23

為什麼有些人的薪水比較高？

人們的薪水有著極大的差距，有些人工作賺到的錢很多，有些則是少得可憐。為什麼會有這樣的差別？頂尖足球員或律師事務所的老闆所賺的錢，為什麼會比公車司機或咖啡廳員工多出那麼多？

薪水，不是取決於那份工作或從事那份工作的人有多麼了不起，而是取決於「有多少人能夠做這份工作」。如果很多人都能夠做好那份工作，那麼薪水通常就會比較低。例如大多數人都可以學會開公車或是擔任服務生，所以如果你是客運公司或咖啡廳的老闆，你不需要提供太高的薪水，就可以找到願意來上班的人。

可是，如果你負責經營一支足球隊，而且希望球隊能夠贏得許多國際大賽，你就必須得到最頂尖的球員。真正優秀的球員少之又少，而且每支球隊都希望這些球員加入，因此就會搶著提供天價的簽約

金，爭取那些極少數擁有高超球技的球員。或者，你是一間律師事務所的老闆，只有少數一流的律師能夠熟知各種法律，又有許多律師事務所同時在與你競爭，所以你就必須提供更高的薪資，來爭取頂尖的人才進入你的事務所。這點便解釋了為什麼薪水很高的人非常少：薪水非常高的工作，都是沒有多少人能做得好的工作。只要是許多人都能夠做的，薪水就不可能太高，因為那些工作的雇主不需要說服人來選擇他的公司。

這也是為什麼高薪的工作，做起來通常不是特別愉快：這種工作通常壓力很大。你的薪水如果很高，別人就會期待你隨時都該拿出非常好的表現。服務生如果不小心把湯汁濺在顧客身上，雖然有點惱人，卻不是什麼大問題；不過，要是律師犯了錯，就可能對事務所造成千百萬元的損失，因此他們承擔著不能犯錯的壓力。

另一個問題是，就算你非常精通一件事情，能不能賺到很多錢，還必須取決於有多少人需要你做那件事。假如你非常善於用一條腿站立，可以連續站幾個小時，這雖然很厲害，但你大概不會因此賺大錢，因為沒有多少人會需要或者想要你這麼做。

你如果想要擁有高薪的工作，就必須記住：你必須找出自己能夠做得非常好，又有許多人想聘請你做的事情，你還要確定自己是不是能承受得了隨之而來的壓力。你也必須謹記，許多薪水不高的工作，仍然是非常重要的：有些史上最傑出的藝術家與作家，不一定都能發大財，世界上許多重要的人物也都不富有。

亞當斯密怎麼說？

　　亞當斯密（Adam Smith），大約兩百五十年前出生在蘇格蘭。他成長於鄉下，熱愛探索山丘與樹林。他的學業表現很好，長大以後找到了一份在大學教書的工作，他是個很傑出的老師。他熱衷於探究人的善良與同理心（同理心是指能對別人的感受很敏感），但也非常執著於研究金錢的運作方式以及人（乃至整個國家）如何可以賺到更多的錢。他很重視這一點，是因為在他年輕的時候，蘇格蘭是個很窮的國家，並不是每個人都有鞋子穿、都能填飽肚子。

　　亞當斯密說，要賺錢，就必須思考別人需要什麼，然後以便宜的方式製造出那些東西。例如每個人都需要穿鞋，但因為蘇格蘭造鞋的成本非常高（一個人必須花上一整天才能夠做出一雙鞋），很多人都沒有鞋子。他指出解答就在於成立一間鞋子工廠，只要利用機器並且把很多人組織起來，就可以用更快而且更便宜的方式，生產出更多的鞋子，這樣就可以讓更多人買得起鞋子。

　　亞當斯密理解到了一件頗令人訝異的事情：你如果想要賺大錢，不能只是問：「眾人需要什麼？」而是必須想出怎麼以便宜的方式製造那些東西，好讓大多數人都買得起。

24

什麼叫公平？

約翰・羅爾斯怎麼説？

有些家庭擁有的比較多，有些家庭擁有的比較少。有些人的家裡有游泳池，有些人連庭院都沒有。有些人經常出外度假，有些人只能待在家裡。有些住宅非常豪華，但有些住宅卻很簡陋。

這樣公平嗎？哲學家深深思考了這個問題，這種哲學家稱為政治哲學家，他們努力想要找出怎樣可以讓世界更公平的方法。但在達到這個目標之前，他們必須先問一個很棘手的問題：什麼叫「公平」？「公平」實際的意義是什麼？

假如你把一個披薩切開和別人分著一起吃，如果有六個人，那麼公平的分法顯然是切成六塊，而且大小全都一樣，這麼一來，每個人得到的披薩都一樣大。如果世界由你掌管，你是不是可以對金錢、房

屋，採取一樣的做法？分給每個人一樣多的東西，是不是就叫做公平？你可能會這麼認為，但實際上也許不是如此。有些人遠比別人更努力工作，有些人能夠想出幫助許多人  的絕佳構想。這樣的人如果得到比較多，或許也沒有什麼不妥。或者，如果有個人的爸媽人很好，不但會用心聆聽子女的心聲，也常為他們規畫充滿趣味的旅行，你能不能説：「你有那麼好的爸媽實在不公平，別人都沒有！你的爸媽不應該對你這麼好！」或者，如果有人在數學或跑步方面很有天分，你會不會説：「你必須穿上很重的鞋子並且缺席所有的數學課，這樣你才會在跑步和數學方面跟大家表現得一樣。」大概不能。

所以，平分一切可能行不通。世界當然會有些差別存在，問題是，這些差別有多大？如果要讓一切事物都盡可能達到公平，就必須讓所有人盡可能平等。想像一下：要是你在出生之前，曾經從天上俯瞰全世界，你可以看見所有人過著怎樣的生活，你可以看見所有的家庭，但不知道自己可能會誕生在哪一個家庭？會住在哪一間房子？會進入哪一所學校就讀？你可能會很幸運，出生在一個美滿的家庭，擁有一切你需要的東西，或者你也可能很不幸，出生在完全相反的家庭。

把目光放大至一個國家。你可能會看到有些家庭擁有直升機，而且住在院子裡有兩座游泳池的豪宅，讓你覺得生活在這應該不錯。不

過，你接著也可能會注意到，其實這個國家多數的家庭，幾乎什麼都沒有，大部分的學校也都已是破敗失修。這麼看來，這個國家也就不那麼吸引人了。

接著，你又把目光鎖定另一個國家。這個國家有很多美好的地方，但是沒有人擁有直升機或是游泳池，也幾乎沒有任何特別貧困的地方。人們就算不那麼富有，生活也都還過得去，他們住的房子可能比較小，讀的也許是一所不怎麼好的學校，但也不算太糟糕。你也許會認為誕生在這個國家，是比較明智的選擇，因為，就算你落在這個國家最糟的地方，生活也還不至於太慘。

這樣的思考，是一種頗為有趣的測試，可以看出一個國家是否符合公平的標準。完全的平等和公平，也許不可能達到，而且每個人也不可能擁有同樣的東西，但在第二個國家裡，至少貧富懸殊不會那麼嚴重。

適合生活的公平國家

想像你還沒出生，你可以選擇誕生在世界上任何一個國家，
但是沒辦法知道自己會出生在有錢人還是窮人的家庭。
你會選擇哪個國家？你為什麼會做這樣的選擇？

_____

_____

_____

約翰‧羅爾斯怎麼說？

　　有一位與我們生活的年代相近，名叫約翰‧羅爾斯（John Rawls）的美國哲學家，他在西元 1921 年出生，2002 年去世。我們介紹過的許多哲學家，都活在距離現今好久以前的過去，所以他算是相當晚近的一位。這樣看起來，好像所有的哲學家都是古人，可是哲學的好處就是：只要是好的觀點，不管是什麼時候想出來的，都一樣重要。有些好的觀點已經存在了很久，有些則是相當新穎，重要的是，這些觀念都讓我們受益良多。

　　羅爾斯生長於美國巴爾的摩，他的家庭相當富有，爸媽對他疼愛有加，但是他家附近卻住了許多非常窮苦的人，使得他從小就對這一點很苦惱：為什麼他的生活那麼好，其他人卻過得那麼辛苦？他決定長大以後，要想辦法解決這個問題。

　　深深吸引他注意的一點是：就算在富裕的國家裡，仍有很多人過著悲慘的生活。問題不在於怎麼把這個國家變得更富裕，而是在於如何分配國家資源。為什麼國家總是做不到公平分配？他認為是因為我們缺乏共通的公平觀，所以他才會發明了我們剛剛提到的這種思考測驗，他稱為「無知之幕」。如果你不知道自己會生活在一個國家的什麼地方，那麼你會希望自己生活在這個國家嗎？我們如果向這些哲學家學習，努力想出對問題不同的思考觀點，就可以試著解決那些非常困難的問題。

25

怎麼克服害羞？

不知道你熟不熟悉害羞的感覺？假設你轉學進入一所新學校，誰也不認識，那麼你可能會覺得要認識新朋友很困難：要是他們不喜歡你怎麼辦？也許你曾經透過某個機緣，見過一位來自外國的朋友，她看起來很不一樣，而且名字也很奇怪，叫做「瑪麗‧克莉絲汀」，你想不出該跟她說什麼，只覺得害羞。

讓我們來解析一下，看看害羞是由什麼東西構成的。潛藏在害羞背後的概念認為：由於對方是陌生人，所以你不曉得該向對方說什麼話，或者該表現出什麼樣的舉止。和朋友相處很容易，因為你早就知道他們的個性，知道他們喜歡談論什麼話題、有什麼興趣。但是，如果面對的是剛認識的人，你可能就會覺得非常困難。這種現象其實很正常，這不是因為你或對方有什麼問題，而是因為你還不清楚對方的個性，或是你該表現出什麼樣的行為舉止，才能讓對方會感到自在。不管是誰，在一開始認識時，都不可能知道這些事情。

不過，就算有一個人的外貌與說話方式都很和你不同，而且你也完全不知道對方的個性，但可以確定的是，你們其實沒有太大的不同。雖然對方可能從來沒看過你最喜歡的電視節目，文靜的個性又和你的大嗓門恰好形成對比，你們還是會有一些共通之處。如果你喜歡露營，可以問問對方有沒有露營過？或者如果你喜歡跳舞、演戲，也可以問對方是不是喜歡做這些事情？即使對方喜歡的東西不會那麼剛好和你一模一樣（這也未免太不尋常），但一定還是會有你們兩人都感興趣的東西。試著找出你們的共通點，這件事本身就很有趣。還有，別忘了，對方可能也和你同樣感到害羞。

　　你或許沒有發現，害羞背後的問題永遠都是一樣的。人們總是認為，因為對方看起來和自己不同，所以彼此就一定不會有任何共通之處。你不一定能夠明白看出，自己和一個陌生人可能會有什麼共通點，尤其是當對方來自一個不同的地方，或者年齡和你不一樣的時候。不過，對方一定有很多和你相同的地方，在你身上發生過的那些基本經歷，在他們身上也同樣發生過：他們一樣有父母、有朋友，一樣會感到無聊和寂寞、會害怕、會擔憂，也一樣喜歡聽故事（雖然你還不知道他們喜歡哪些故事），也有嗜好（雖然你一開始還不知道是哪些嗜好），並且一樣喜歡出外度假（可是你不知道他們喜歡去哪裡度假）。大部分的人都一樣，我們都有這些問題和這類興趣，所以，就算你剛認識一個人，你也可以知道該從哪裡開始找尋你們的共同點——面對瑪麗・克莉絲汀也是如此。

邁蒙尼德怎麼説？

　　邁蒙尼德（Maimonides）是一位猶太哲學家，出生於十二世紀的西班牙哥多華——距今超過八百年以上。他曾經在摩洛哥行醫，接著到了埃及，成為埃及的蘇丹（穆斯林國家中對於統治者的稱呼）的私人醫師。他深深思考了我們該怎麼當個良善的人，並且非常敬佩我們先前見過的希臘思想家，亞里斯多德。

　　邁蒙尼德很好奇人為什麼會有那麼多不同之處？每個人的外貌都不一樣，愛好的遊戲不一樣，擅長的事物不一樣，年齡不一樣，居住的國家不一樣，喜歡吃的早餐不一樣，穿的衣服也不一樣。我們通常會看著別人，而覺得「這些人和我不一樣，我沒辦法了解他們或者和他們交朋友」。可是邁蒙尼德不喜歡這種態度，他認為，在這些差別底下，我們其實都很相似。我們在許多真正重要的面向上都是相同的：和善與愛對於每個人都很重要，每個人都想要獲得別人的喜愛與了解（雖然有時他們不會說出來）。我們雖然也有很多小地方不同，但我們和別人的共同之處，往往比自己認為的還要多。知道了這一點，你也就沒有必要感到那麼害羞了。

26

長大，為什麼這麼辛苦？

你怎麼説？

你會不會覺得，人一旦長大了，人生就會變得很難？雖然看起來，成為大人有許多好處：大人想做什麼都可以，不需要上學，沒有人規定上床睡覺的時間，而且有自己的錢、自己的車。不過，大人有時候還是會流露出擔憂或難過的神情，或是因為對人生不開心而哭泣。

大人的生活有什麼問題？只要仔細一想，就會發現很多原本不存在的難題，可能隨著年紀出現：某個人可能從事了自己不太喜歡的工作，他必須把生活中大部分時間投注在自己不喜歡的事情上，但是，要他捨棄那份工作並不容易，不僅會面對經濟的壓力，而且要找到更好的工作也沒那麼簡單。又或是他覺得，自己應該把人生投注在更有意義的事情上；也可能覺得自己當初嫁錯或娶錯了人。你可能覺得，都這麼大的人了，應該沒有那麼容易犯下這種錯誤，但事實不然。這就像是和一個人交了朋友以後，才發現你們兩人其實沒有多少共同點，如果你們已經結婚了，那麼問題就會變得更嚴重，因為你們可能

已經有了孩子，或是共同買了一棟房屋，要你拋下這一切，都會讓你覺得很難過。長大以後，也經常需要為金錢擔憂：花費太多或者賺得不夠，都是可能遇到的難題。另外一件困擾的事情，則是時間：你可能曾經認為自己有著無窮無盡的時間，不過，長大後你卻會漸漸意識到，自己還沒有足夠的時間完成目標，人生的時間卻已經用掉一大部分了。

其實，我們可以用比較好的方法因應「長大」，但這不是件容易的事情，你會需要更多的智慧：怎麼選擇正確的結婚對象、怎麼理財、怎麼挑選自己真心喜歡的工作，甚至怎麼面對自己年齡愈來愈大而且頭頂愈來愈禿的事實。一般人通常沒有機會學習這些智慧，這有點像是要求沒有受過任何飛行訓練的你去開飛機一樣——開飛機不是不可能做到，但你不能毫無準備就上場。面對「長大」也是如此，我們卻通常都沒有機會獲得這些教導。

或許在你小的時候，有些大人曾經在你問他們關於人生的問題時，對你說過你太天真而不回應你的提問。他們的意思不是說你可愛，而是認為你還不懂，所以不願與你進行太過深層的討論。這群人通常也不會向你訴說他們的問題，這種行為其實不難理解：他們是為了你好，不希望你太早擔心未來的事情，希望你能夠盡情享受當下。

不過，說不定可以有別的想法來面對這個問題：如果你先知道長大以後會面臨的煩惱，那麼，在那些問題出現時，或許就會覺得它們沒有那麼可怕，而且可以即時學習該怎麼做更好的因應。

你怎麼說？

　　哲學，是因應人生難題的一種方法。哲學給予我們的最大幫助，就是在某些事物發生之前，先為我們提供所需的資訊，好讓我們預做準備。與其只是專注於當下發生的事情，我們也必須鼓起勇氣，仔細檢視往後人生中可能會發生的事情，看看還有哪些事物可能出錯？我們不必立刻面對，但那些問題總有一天必須解決的。假裝那些事情不會發生，是毫無意義的做法。

　　不過，我們這麼做不是要讓自己難過，更不是為了去破壞當下的快樂。實際上恰恰相反，如果你及早知道自己將來要面對哪些挑戰，就可以開始培養因應那些挑戰所需的技能。這種情形有點像是攀登高山：如果你認為登山是簡單又好玩的事情，到時候一定會很震驚的發現登山其實很困難，但如果你先去攀登許多小山，藉此進行訓練，並且向攀登過高山的前輩請教技巧，以及他們在過程中曾經犯過的各種錯誤，那麼你就能夠從他們的經驗中學習，進而做好準備。

　　哲學就像是這樣（當然，哲學和登山一點關係也沒有），哲學探討的是我們該怎麼面對人生中的難題。它並不害怕你的人生有可能多麼困難，哲學有的是經驗，而且什麼樣的狀況它都早已見過。

因此，哲學就像是「人生朋友」。哲學不是一個人，而是一整群人以及他們的思想。他們面臨過許多煩惱，也試著學習怎麼解決那些煩惱。這本書試圖讓你了解自己，以及你可以怎麼了解人生，並在生命偶爾向你拋出難題時，設法讓生命變得稍微好過一點。這就是哲學試著想要做到的。你覺得呢？

索　引

哲學家列表

（依年代排序）

佛陀

西元前 563 年—西元前 483 年

尼泊爾道利赫瓦（Taulihawa）

見本書第 92 頁

孔子

西元前 551 年—西元前 479 年

周朝魯國（中國）

見本書第 64 頁

蘇格拉底

西元前 470 年—西元前 399 年

希臘雅典

見本書第 18 頁

亞里斯多德

西元前 384 年—西元前 322 年

希臘雅典

見本書第 116 頁

塞內卡

西元前 4 年—西元 65 年

義大利羅馬

見本書第 44 頁

海芭夏

（約）西元 360—415 年

埃及亞歷山卓

見本書第 68 頁

伊本・西納

西元 980—1037 年

波斯布哈拉與伊朗哈馬丹

見本書第 34 頁

邁蒙尼德

西元 1135—1204 年

摩洛哥與埃及

見本書第 144 頁

蒙田

西元 1533—1592 年

法國基恩（Guyenne）

見本書第 110 頁

笛卡兒

西元 1596—1650 年

法國，荷蘭與瑞典

見本書第 60 頁

扎拉・雅各布

西元 1599—1692 年

衣索比亞恩法拉斯（Emfraz）

見本書第 40 頁

松尾芭蕉

西元 1664—1694 年

日本大阪

見本書第 50 頁

盧梭

西元 1712—1778 年

瑞士與法國

見本書第 74 頁

亞當斯密

西元 1723—1790 年

蘇格蘭愛丁堡

見本書第 134 頁

康德

西元 1724—1804 年

普魯士柯尼斯堡（當今的俄國）

見本書第 98 頁

瑪麗・沃斯通克拉夫特

西元 1759—1797 年

英國倫敦

見本書第 120 頁

黑格爾

西元 1770—1831 年

德國柏林

見本書第 130 頁

愛默生

西元 1803—1882 年

美國麻州

見本書第 86 頁

尼采

西元 1844—1900 年

瑞士與德國

見本書第 80 頁

維根斯坦

西元 1889—1951 年

奧地利維也納與英國劍橋

見本書第 24 頁

沙特

西元 1905—1980 年

法國巴黎

見本書第 104 頁

西蒙・波娃

西元 1908—1986 年

法國巴黎

見本書第 30 頁

卡繆

西元 1913—1960 年

阿爾及利亞與法國

見本書第 54 頁

約翰・羅爾斯

西元 1921—2002 年

美國麻州

見本書第 140 頁

德希達

西元 1930—2004 年

阿爾及利亞與法國

見本書第 124 頁

人生學校

　　人生學校是致力於幫助人們實現人生目標的國際教育組織，成立的宗旨是希望能引導、協助人們改善人際關係、工作職涯、社交生活，更加認識自我，找回內心的平靜，並學會該善用時間，活出充實的人生。

　　人生學校以影片、工作坊、書籍與座談活動的舉辦，為人們建立溫暖又健全的社群連結，並有網站、實體店面以及在世界各地舉辦的迎新活動：

www.theschooloflife.com

參考資料 （127-128頁）

Willem Bartel van der Kooi, *Piano Practice Interrupted*, 1813. Oil on canvas, 147cm × 121cm. Rijksmuseum, Amsterdam. Gift of H. van der Kooi, Leeuwarden.

Jacob van Ruisdael, *A Landscape with a Ruined Castle and a Church*, 1665. Oil on canvas, 109 cm x 146 cm. National Gallery, London.

Albrecht Dürer, *Great Piece of Turf,* 1503. Watercolour, 40 cm × 31 cm. Albertina, Vienna.

Agnes Martin, *Friendship*, 1963. Incised gold leaf and gesso on canvas, 190.5 x 190.5 cm. Museum of Modern Art, New York. Gift of Celeste and Armand P. Bartos. Acc. n.: 502.1984.© 2019. Digital image, The Museum of Modern Art, New York/Scala, Florence.

圖片出處 （151-155頁）

GUATAMA BUDDHA,'Untitled', susuteh. Creative Commons.

CONFUCIUS, 'Confucius', gouache on paper, c.1770. *Encyclopedia Britannica*. Wikimedia Commons.

SOCRATES, 'The Death of Socrates' (1787), Jacques-Louis David (1748–1825). Catherine Lorillard Wolfe Collection, Wolfe Fund, 1931. Wikimedia Commons.

ARISTOTLE, 'Bust of Aristotle', after 330 BC. Marble, Roman copy after a Greek bronze original by Lysippos from 330 BC; the alabaster mantle is a modern addition. After Lysippos, 300–390 BC. Ludovisi Collection. Jastrow. Wikimedia Commons.

SENECA, 'The Dying Seneca', 1612–13, Peter Paul Rubens (1577–1640). Wikimedia Commons.

HYPATIA OF ALEXANDRIA, 'Portrait of Hypatia', 1908, Jules Maurice Gaspard (1862–1919). Elbert Hubbard, "Hypatia", in *Little Journeys to the Homes of Great Teachers*, v.23 #4, East Aurora, New York : The Roycrofters, 1908 (375 p. 2 v. ports. 21 cm). Wikimedia Commons.

IBN SINA, 'Avicenna—Ibn Sina', May 2014, Blondinrikard Fröberg. Flickr, Creative Commons.

MAIMONIDES, Illustration from *Brockhaus and Efron Jewish Encyclopedia* (1906–1913). Wikimedia Commons.

MICHEL DE MONTAIGNE, Wikimedia Commons.

RENE DESCARTES, 'Portrait of René Descartes' (1596–1650), circa 1649–1700, after Frans Hals (1582/3–1666). André Hatala [e.a.] (1997) *De eeuw van Rembrandt*, Bruxelles: Crédit communal de Belgique, ISBN 2–908388–32–4. Wikimedia Commons.

ZERA YACOB, 'Lalibela Sunset with Bet Giorgis', 2007, A. Davey, Lalibela, Ethiopia. Wikimedia Commons.

MATSUO BASHO, 'Portrait of Matsuo Basho', Hokusai, c. 18th–19th century. Wikimedia Commons.

JEAN-JACQUES ROUSSEAU, 'Portrait of Jean-Jacques Rousseau', 1753, Maurice Quentin de La Tour (1704–1788). Wikimedia Commons.

ADAM SMITH, 'Portrait of Adam Smith', 18th century, artist unknown. Wikimedia Commons.

IMMANUEL KANT, 'Immanuel Kant', 1791, J.L. Raab after a painting by Döbler. Wikimedia Commons.

MARY WOLLSTONECRAFT, 'Portrait of Mary Wollstonecraft', c.1790–1791, John Opie (1761–1807). Wikimedia Commons.

GEORG WILHELM FRIEDRICH HEGEL, 'Portrait of G.W.F. Hegel' (1770–1831), after 1828, steel engraving by Lazarus Gottlieb Sichling (1812–1863) after a lithograph by Julius L. Sebbers (1804—).

RALPH WALDO EMERSON, 'Image of American philosopher poet Ralph Waldo Emerson', dated 1859. Scanned from *Ralph Waldo Emerson, John Lothrop Motley: Two Memoirs* by Oliver Wendell Holmes, Published by Houghton Mifflin, 1904. Wikimedia Commons.

FRIEDRICH NIETZCHE, 'Friedrich Nietzsche around 1869'. Photo taken at studio Gebrüder Siebe, Leipzig. Then, he must have sent it to Deussen with his letter from July 1869 ([1], KGB II.1 No 10). A copy of this photograph is at Goethe und Schillerarchiv, No. GSA 101/11. Scan processed by Anton (2005). Wikimedia Commons.

LUDWIG WITTGENSTEIN, 'Ludwig Wittgenstein' (1899–1951), 1930, Moriz Nehr (1859–1945). Austrian National Library. Wikimedia Commons.

JEAN-PAUL SARTRE, 'French philosopher-writer Jean Paul Sartre and writer Simone De Beauvoir arriving in Israel and welcomed by Avraham Shlonsky and Leah Goldberg at Lod airport' (14/03/1967). Photo by Moshe Milner. Wikimedia Commons.

SIMONE DE BEAUVOIR, 'Simone de Beauvoir & Jean-Paul Sartre in Beijing 1955', Photo by Xinhua News Agency. Wikimedia Commons.

ALBERT CAMUS, 'Philosopher', photographer unknown. Wikimedia Commons.

JOHN RAWLS, 'The American Philosopher John Rawls', *Harvard Gazette*. Wikimedia Commons.

JACQUES DERRIDA, Keystone Pictures USA / Alamy Stock Photo.